I0769151

ERNEST HEMINGWAY

EL LUCHADOR Y OTROS CUENTOS

astria

EL LUCHADOR Y OTROS CUENTOS

Ernest Hemingway

©Colección Erandique
Supervisión Editorial: Óscar Flores López
Diseño de portada: Andrea Rodríguez
Administración: Tesla Rodas—Jessica Cordero
Director Ejecutivo: José Azcona Bocock
Primera Edicón
Tegucigalpa, Honduras—Octubre de 2025

EL ANCIANO DEL PUENTE

Un viejo con gafas de montura de acero y la ropa cubierta de polvo estaba sentado a un lado de la carretera. Había un pontón que cruzaba el río, y lo atravesaban carros, camiones y hombres, mujeres y niños. Los carros tirados por bueyes subían tambaleándose la empinada orilla cuando dejaban el puente, y los soldados ayudaban empujando los radios de las ruedas. Los camiones subían chirriando y se alejaban a toda prisa y los campesinos avanzaban hundiéndose en el polvo hasta los tobillos. Pero el viejo estaba allí sentado sin moverse.

Estaba demasiado cansado para continuar.

Mi misión era cruzar el puente, explorar la cabeza de puente que había más allá, y averiguar hasta dónde había avanzado el enemigo. La cumplí y regresé por el puente. Ahora había menos carros y poca gente a pie, y el hombre seguía allí.

—¿De dónde viene? —le pregunté.

—De San Carlos —dijo, y sonrió.

Era su ciudad natal, por lo que le llenó de satisfacción mencionarla, y sonrió.

—Cuidaba de los animales —explicó.

—Oh —dije, sin entenderlo del todo.

—Sí —dijo—, ya ve, me quedé cuidando de los animales. Fui el último que salió de San Carlos.

No tenía pinta de pastor ni de vaquero, y tras observar su ropa negra y cubierta de polvo, su rostro gris cubierto de polvo y sus gafas de montura de acero, dije:

—¿Qué animales eran?

—Animales diversos —dijo negando con la cabeza—. Tuve que dejarlos.

Yo estaba contemplando el puente y el aspecto de paisaje africano del delta del Ebro y me preguntaba cuánto tardaríamos en ver al enemigo, y todo el rato estaba atento por si oía los primeros ruidos que delataran ese misterioso suceso denominado contacto, y el hombre seguía allí sentado.

—¿Qué animales eran? —pregunté.

—En total tres clases de animales —explicó—. Había dos cabras y un gato y cuatro pares de palomos.

—¿Y los ha dejado? —pregunté.

—Sí. Por culpa de la artillería. El capitán me dijo que me fuera por culpa de la artillería.

—¿Y no tiene familia? —pregunté, vigilando el otro extremo del puente, donde los últimos carros bajaban deprisa la pendiente de la orilla.

—No —dijo—. Sólo los animales que le he dicho. Al gato, naturalmente, no le pasará nada. Un gato sabe cuidarse, pero no quiero ni pensar qué va a ser de los otros.

—¿En qué bando está usted? —le pregunté.

—Yo no tengo bando —dijo—. Tengo setenta y seis años. Llevo andados doce kilómetros y creo que ya no puedo seguir.

—Este no es un buen lugar para pararse —dije—. Si puede llegar, hay camiones en el desvío a Tortosa.

—Esperaré un poco —dijo—, y luego seguiré. ¿Adónde van esos camiones?

—A Barcelona —le dije.

—No conozco a nadie en esa dirección —dijo—, pero muchas gracias. Se lo repito, muchas gracias.

Me miró sin expresión, cansado, y a continuación, necesitando compartir su preocupación con alguien, dijo:

—Al gato no le pasará nada, estoy seguro. No hay por qué inquietarse por un gato. Pero a los demás, ¿qué cree que les pasará a los demás?

—Bueno, probablemente tampoco les pasará nada.

—¿De verdad lo cree?

—¿Por qué no? —dije mirando la otra orilla, donde ya no había carretas.

—Pero ¿qué harán cuando empiece el fuego de la artillería, si a mí me dijeron que me fuera por culpa de la artillería?

—¿Dejó abierta la jaula de los palomos? —pregunté.

—Sí.

—Entonces saldrán volando.

—Sí, seguro que saldrán volando. Pero los demás. Más vale no pensar en los demás —dijo.

—Si ya ha descansado, yo si fuera usted me iría —le insistí— . Levántese e intente andar.

—Gracias —dijo, y se puso en pie, avanzó haciendo eses y volvió a sentarse sobre el polvo, dejándose caer.

—Yo sólo cuidaba los animales —dijo sin energía, pero ya no hablaba conmigo—. Sólo cuidaba a los animales.

No se podía hacer nada por él. Era Domingo de Pascua y los fascistas avanzaban hacia el Ebro. Era un día gris y las nubes iban bajas, por lo que sus aviones no volaban. Eso, y que los gatos supieran cuidarse solos, era toda la buena suerte que tendría aquel hombre.

EL JUGADOR, LA MONJA Y LA RADIO

Los trajeron alrededor de medianoche y después, durante varias horas, los que estaban en el corredor, oyeron al ruso.

—¿Dónde lo hirieron? —preguntó el señor Frazer a la enfermera nocturna.

—En el muslo, creo.

—¿Y el otro?

—¡Oh! ¡Me temo que morirá!

—¿Dónde tiene la herida?

—En el abdomen. Dos tiros y solo le han encontrado una de las balas.

Ambos eran obreros, uno mexicano y el otro ruso. Estaban sentados tomando café en un restaurante nocturno, cuando alguien se detuvo en la puerta y empezó a disparar contra el mexicano. El ruso se arrastró bajo la mesa y finalmente resultó herido por una bala dirigida contra el mexicano, que yacía en el suelo con dos proyectiles en el abdomen. Eso era lo que informaban los periódicos.

El mexicano dijo a la policía que no tenía ninguna idea acerca de quién podía haberlo herido. Creía que era un accidente.

—¿Un accidente el que hayan disparado ocho tiros contra usted, hiriéndole dos veces en el vientre?

—Sí, señor —declaró el mexicano, cuyo nombre era Cayetano Ruiz—. Un accidente que me haya herido, el bribón —dijo el intérprete.

—¿Qué dice? —preguntó el sargento de detectives, mirando al intérprete por encima de la cama.

—Que fue un accidente.

—Dígale que queremos saber la verdad. Y avísele que se está muriendo —instó el detective.

—Todavía no —declaró Cayetano—. Pero dígale que me siento muy enfermo y que preferiría no hablar mucho.

—Dice que está diciendo la verdad —manifestó el intérprete.

Luego habló confidencialmente al detective.

—No sabe quién lo hirió. Le dispararon por la espalda.

—Sí; comprendo —afirmó el policía—. Pero pregúntele por qué las balas entraron por delante.

—Tal vez se daba vuelta en ese instante —sugirió el intérprete.

—Escuche —declaró el sargento, agitando el dedo casi en la nariz de Cayetano, que surgía amarillenta y cerúlea de su rostro de agonizante, donde los ojos brillaban como los de un halcón—. No me importa un comino quién lo ha herido a usted, pero voy a aclarar este asunto. ¿No quiere que se castigue al hombre que lo hirió? Dígale eso —ordenó al intérprete.

—Dice que diga quién disparó contra usted.

—¡Mándelo al c…! —exclamó Cayetano, que estaba muy cansado.

—Dice que no vio al tipo en ningún momento —tradujo el intérprete—. Que lo hirieron por la espalda.

—Pregúntele quién hirió al ruso.

—Pobre ruso! —dijo Cayetano—. Estaba en el suelo con la cabeza entre los brazos. Comenzó a gritar cuando lo hirieron y siguió gritando desde entonces. ¡Pobre ruso!

—Dice que fue un tipo que no conoce. Tal vez el mismo que lo hirió a él.

—Escuche —exclamó el detective—. Esto no es Chicago. Usted no es un pistolero y no tiene necesidad alguna de portarse como en una película. Está muy bien que diga usted quién lo hirió. Todo el mundo lo diría y eso es lo que debe hacerse. Suponga usted que no diga quién fue y que él hiere a alguna otra persona. No se le puede dejar libre así como así. Dígale eso — pidió al señor Frazer—. No confío para nada en ese maldito intérprete.

—Soy de mucha confianza —exclamó el intérprete.

Cayetano miró al señor Frazer.

—Escuche, amigo —dijo el señor Frazer—. El policía dice que no estamos en Chicago, sino en Hailey, Indiana. Usted no es un bandido y esto nada tiene que ver con el cine.

—Lo creo —dijo Cayetano suavemente—. Ya lo creo.

—Se puede, sin quedar deshonrado, denunciar a quien lo ha atacado. Todo el mundo lo hace, dice. Pregunta qué ocurriría si ese hombre después de disparar contra usted, hiere a una mujer o a un niño.

—No soy casado —declaró Cayetano.

—Dice que no tiene mujer ni hijos.

—El hombre no está loco —dijo Cayetano.

—Dice que usted debería denunciarlo —terminó el señor Frazer.

—Gracias —dijo Cayetano—. Es usted de los grandes intérpretes. Hablo inglés muy mal, pero entiendo perfectamente. ¿Cómo se rompió usted la pierna?

—Caí del caballo.

—¡Qué mala suerte! Lo lamento mucho. ¿Le duele?

—Ahora no. Al principio sí.

—Escuche, amigo —comenzó Cayetano—. Estoy muy débil. Usted me perdonará. También tengo muchos dolores; bastantes dolores y es muy posible que muera. Por favor, haga que este policía se vaya, porque estoy muy cansado.

Hizo un movimiento como para ponerse de costado, pero quedó quieto.

—Le dije exactamente lo que usted dijo y me respondió que, realmente, no conoce a quien lo ha herido y que está muy débil y desea que usted lo interrogue más tarde —declaró el señor Frazer.

—Probablemente más tarde estará muerto.

—Es absolutamente posible.

—Por eso quería interrogarlo ahora.

—Alguien lo hirió por la espalda, ya se lo he dicho —manifestó el intérprete.

—¡Oh! ¡Por Cristo! —exclamó el sargento—detective y se metió la libreta de apuntes en el bolsillo.

Fuera del corredor el sargento—detective permaneció un rato con el intérprete, al lado del sillón de ruedas del señor Frazer.

—¿Supongo que piensa usted que alguien le hirió por la espalda?

—Sí —dijo el señor Frazer—. Alguien le disparó por la espalda. ¿Por qué?

—No se moleste usted —dijo el sargento—. Me gustaría hablar español.

—¿Por qué no lo aprende?

—No tiene usted necesidad de molestarse; no me divierte nada estar haciendo preguntas. Si supiera español sería distinto.

—No necesita usted hablar español —dijo el intérprete—. Soy un excelente intérprete.

—¡Oh! ¡Por Cristo! —exclamó el sargento—. Bueno, adiós. Vendré a verlos dentro de poco.

—Gracias. Siempre estoy adentro.

—Espero que mejore usted. Ha tenido usted mala suerte. Muy mala suerte.

—Estoy mejorando desde que me operaron el hueso.

—Sí; pero ha pasado mucho tiempo. Mucho tiempo.

—No deje que nadie le dispare por la espalda.

—Me cuidaré —dijo el sargento—. Bueno; me alegro de que no se haya molestado.

—Adiós —dijo el señor Frazer.

El señor Frazer no vio a Cayetano durante mucho tiempo, pero todas las mañanas la hermana Cecilia le traía noticias de él. No se quejaba nunca, decía, y ahora estaba muy mal. Tenía peritonitis y creían que no podría sobrevivir. Tenía las manos hermosas, una cara agradable y nunca se quejaba. El olor que despedía ahora, era horrible. Se señalaba con un dedo la nariz, sonreía, meneaba la cabeza, pero se sentía muy molesto con ese olor. Lo embarazaba, decía la hermana Cecilia. ¡Oh!, era un paciente magnífico. Sonreía siempre. No quiso confesarse con el padre, pero prometió rezar sus oraciones. Ningún mexicano lo había visto desde que lo trajeron. El ruso abandonaría el hospital a fines de semana. "No puedo sentir nada por el ruso —dijo la hermana Cecilia—. ¡Pobre hombre!, él también sufre. Era una bala engrasada y sucia, y la herida se había infectado y hacía sufrir mucho. Además, dijo, siempre me gustan los malos. Ese Cayetano es malo. ¡Oh!, realmente debe ser malo; muy malo. Es tan hermoso y delicado, y nunca ha trabajado en nada con sus manos. No es un obrero. Sé que no es un obrero, sus manos son suaves y no tienen callos. Sé que es malo, en alguna cosa. Ahora voy abajo a rezar por él. ¡Pobre Cayetano!, está sufriendo mucho y ni siquiera se queja. ¿Por qué tuvieron que herirle? ¡Oh! ¡Pobre Cayetano! Voy abajo a rezar por él".

Se fue abajo y rezó por él.

En aquel hospital el aparato de radio no funcionaba bien hasta que oscurecía. Decían que era porque había mucho mineral en el suelo y algo cerca de las montañas; pero de todos modos no funcionaba bien hasta que, afuera, comenzaba a oscurecer. Por la noche funcionaba magníficamente y, cuando alguna estación interrumpía su transmisión, podía irse más hacia el Oeste y sintonizar otra. La última que podía escucharse era la de Seattle, en el Estado de Washington. Debido a la diferencia de horas, cuando terminaba la transmisión a las cuatro de la mañana, eran las cinco en el hospital y a las seis podían sintonizarse a los primeros madrugadores de Minneapolis. Eso también se debía a la diferencia de horas. El señor Frazer solía imaginar a los madrugadores llegando al estudio. Se los representaba tomando un taxímetro con sus instrumentos antes de que amaneciera. Tal vez no era así y guardaban sus instrumentos en la estación de radio, pero siempre se los imaginaba por la calle buscando taxímetros con sus instrumentos. Nunca había estado en Minneapolis y creía que probablemente nunca iría a la ciudad, pero sabía muy bien el aspecto que tenía por la mañana antes del amanecer.

Afuera, por la ventana del hospital, podía verse un campo surgiendo de la nieve, y un monte de arcilla, aislado. Una mañana el médico quiso enseñar al señor Frazer dos faisanes que estaban sobre la nieve, y al empujar el lecho hacia la ventana, la lámpara del velador cayó del soporte e hirió al señor Frazer en la cabeza. Esto no resulta ahora muy gracioso, pero en aquel momento lo fue. Todos estaban mirando afuera por la ventana. El médico, que era excelente persona, señalaba los faisanes y empujaba el lecho hacia la ventana. Luego, como en una película, cómica, el señor Frazer recibió el golpe de la lámpara en lo alto de la cabeza. Parecía precisamente la antítesis de lo que debía ocurrir en un hospital —donde se cura a las personas—, y a todos les pareció muy gracioso reírse en aquella ocasión del médico y del señor Frazer. Todo resulta más simple en un hospital, hasta las bromas.

Desde la otra ventana, si la cama estaba vuelta hacia aquel lado, podía verse el pueblo, con un poco de humo encima y los montes Dawson, como verdaderas montañas coronadas por la nieve del invierno. Esos eran los dos únicos panoramas que se admiraban desde allí, ya que la silla de ruedas había resultado una tentativa demasiado prematura. En realidad, estando en un hospital, es mejor quedarse en cama, puesto que dos vistas —con tiempo para observarlas desde una habitación cuya temperatura puede regularse—, son mucho mejores que cualquier número de vistas observadas durante solo unos minutos desde habitaciones calurosas y vacías, que aguardan a alguna otra persona o que acaban de ser abandonadas, tal como hubiera ocurrido de haberse paseado con la silla de ruedas. Si se permanece lo bastante en una habitación, el panorama, cualquiera que sea, adquiere un gran valor y se hace muy importante. En algunos casos no lo cambiaríamos ni siquiera por esa misma vista observada desde un ángulo distinto. Tal como con la radio, hay ciertas cosas a las que terminamos por aficionarnos y nos parecen tan agradables que terminamos por resentimos cuando nos presentan algo nuevo. Las mejores melodías de aquel invierno fueron "Canto algo sencillo", "La muchacha del sonsonete" y "Mentirillas". No había otras canciones que satisfacieran, pensaba el señor Frazer. "Betty arrulla" era también una bonita melodía, pero la parodia de sus versos, que molestaba al señor Frazer, se acentuaba tanto, haciéndose increíblemente obscena, que nadie podía apreciarla y finalmente la abandonó, volviendo al fútbol.

Alrededor de las nueve de la mañana comenzarían a utilizar la máquina de los rayos X, y la radio, que para entonces solo podía captar Hailey, se hacía inútil. Muchos vecinos de Hailey, que poseían aparatos de radio, protestaron por la máquina de rayos X del hospital, que anulaba su recepción matutina, pero nunca se tomó una decisión. Muchos creían que era una vergüenza que el hospital no pudiera utilizar su máquina cuando la gente sintonizaba su radio.

En el momento en que casi se hacía necesario apagar el aparato de radio entró la hermana Cecilia.

—¿Cómo está Cayetano, hermana Cecilia? —preguntó el señor Frazer.

—¡Oh!, está muy mal.

—¿Ha perdido el conocimiento?

—No; pero me temo que va a morir.

—¿Cómo está usted?

—Muy preocupada por él. ¿Sabe usted que nadie absolutamente ha venido a verlo? Si fuera por esos mexicanos, moriría como un perro. Son verdaderamente horribles.

—¿Quiere usted venir a oír el partido, esta tarde?

—¡Oh, no! —dijo—. Me pondría muy nerviosa. Estaré en la capilla rezando.

—Vamos a oírlo muy bien —dijo el señor Frazer —. Juegan en la costa y, la diferencia de horas, hace que podamos escucharlo bien; lo bastante tarde como para que se oiga muy bien.

—Oh, no! No podría. Las series mundiales terminaron conmigo. Cuando los Athletic tenían el bat, yo rezaba en voz alta: ¡Oh, Dios, dirige por piedad sus golpes! ¡Oh, Dios!, hazle lograr un golpe. ¡Oh, Dios!, que lo logre! Luego, cuando consiguieron las bases en el tercer juego, ¿recuerda usted?, aquello fue demasiado para mí. ¡Oh Dios! —rezaba—, que la envíe por encima del cerco. Y cuando los Cardinals tomaron el bat, ¡fue sencillamente horrible! ¡Oh, Señor, que no la vean! Que ni siquiera tengan un atisbo de ella. ¡Oh, Dios!, que no logren rechazar una pelota. Y este partido es mucho peor. Es el del equipo Nôtre Dame: Nuestra Señora. No; estaré en la capilla. Por Nuestra Señora. Juegan por Nuestra Señora. Me gustaría que escribiera usted algo acerca de la Santísima Virgen. Usted podría hacerlo; usted sabe que podría hacerlo, señor Frazer.

—No sé nada de ella como para escribir. Ya se ha escrito todo lo que podría decirse de ella —dijo el señor Frazer—. Además a usted no le gustaría mi manera de escribir y a ella tampoco.

—Usted escribirá algún día algo acerca de ella. Sé que lo hará. Debe escribir usted acerca de Nuestra Señora.

—Es mejor que venga aquí a oír el partido.

—Sería demasiado para mí. No; estaré en la capilla haciendo lo que pueda. Aquella tarde, el partido había comenzado hacía solo cinco minutos cuando entró a la habitación un practicante y dijo:

—La hermana Cecilia desea saber cómo va el juego.

—Dígale que ya han logrado un gol.

Un rato después, el practicante entró de nuevo en la habitación.

—Dígale que los están derrotando en toda la línea —dijo el señor Frazer.

Pasado un rato sonó la campanilla para llamar a la enfermera de turno en el piso.

—Podría ir usted a la capilla o enviar a alguien que dijera a la hermana Cecilia que Nôtre Dame les gana por catorce a cero, al finalizar el primer tiempo, y que todo va bien. Dígale que puede dejar de rezar.

No habían pasado todavía cinco minutos cuando llegó la hermana Cecilia muy excitada.

—¿Qué significa lo de catorce a cero? Yo no sé nada de ese juego. Esa sería una delantera bastante apreciable en el beisbol, pero yo no sé nada de fútbol. Puede no significar nada. Bajaré de nuevo a la capilla para rezar hasta que haya terminado.

—Ya los han derrotado —dijo Frazer—. Se lo aseguro. Quédese aquí conmigo y escuche la transmisión.

—No. No. No. No. No. No. No. —dijo—. Bajaré en seguida a la capilla a rezar.

El señor Frazer le hacía llegar la noticia cada vez que Nôtre Dame lograba algún punto y, finalmente, cuando ya hacía mucho tiempo que reinaba la oscuridad, el resultado del juego.

—¿Cómo está la hermana Cecilia?

—Está con todos en la capilla —le contestaron.

A la mañana siguiente entró la hermana Cecilia. Estaba muy alegre y confiada.

—Sabía que no podían derrotar a Nuestra Señora —dijo—. No podían hacerlo. Cayetano también está mejor. Mucho mejor. Ahora tendrá visitas. No los podrá ver todavía, pero van a venir y él se sentirá mejor ahora viendo que su propia gente no lo olvida. Fui al pueblo a ver a O'Brien, del Departamento de Policía, y le pedí que enviara a algunos mexicanos a ver al pobre Cayetano. Los va a mandar esta tarde y así ese pobre hombre se sentirá mejor. Es inicuo que nadie haya venido a verlo.

Aquella tarde, a las cinco, tres mexicanos entraron en la habitación.

—¿Podemos entrar? —preguntó el más grande, que tenía los labios muy gruesos y era gordísimo.

—¿Por qué no? —replicó Frazer—. Siéntense, caballeros. ¿Quieren ustedes algo?

—Muchas gracias —dijo el más pequeño y más oscuro de ellos.

—Gracias, yo no —dijo el más flaco—. Se me sube a la cabeza —se tocó la frente con la mano.

La enfermera trajo algunos vasos.

—Por favor, deles la botella —dijo el señor Frazer—. Es Red Lodge —explicó.

—El Red Lodge es el mejor —dijo el grande—. Mucho mejor que el Big Timber.

—Claro —dijo el más pequeño—; y cuesta más también.

—Red Lodge hay de todos los precios —exclamó el grande.

—¿Cuántas lámparas tiene la radio? —preguntó el que no había bebido.

—Siete.

—Muy bonita —dijo—. ¿Cuánto cuesta?

—No lo sé —dijo el señor Frazer—. Es alquilada.

—Ustedes, caballeros, ¿son amigos de Cayetano?

—No —declaró el grande—. Somos amigos del que lo hirió.

—Nos mandó la policía —interpuso el pequeño.

—Tenemos un negocio —dijo el grande—. Él y yo —señalando al que no bebía—. Este también tiene otro —indicó al más pequeño y más oscuro—. La policía nos dijo que teníamos que venir y vinimos.

—Me gusta mucho que hayan venido.

—Igualmente —dijo el grande.

—¿Quiere usted otra copa?

—¿Por qué no? —dijo el grande.

—Con su permiso —declaró el pequeño.

—Yo no —dijo el flaco—. Se me sube a la cabeza.

—Es muy bueno —afirmó el más pequeño.

—¿Por qué no prueba un poco? —preguntó Frazer al delgado—. Deje que se le suba a la cabeza un poco.

—Después tengo dolor de cabeza.

—¿No pueden enviar ustedes a los amigos de Cayetano para que lo visiten?

—No tiene amigos.

—Todo hombre tiene.

—Él no.

—¿Qué hace?

—Es jugador de naipes.

—¿Es bueno?

—Creo que sí.

—A mí —dijo el pequeño— me ganó ciento ochenta dólares. Ahora no hay ciento ochenta dólares en el mundo.

—A mí —dijo el flaco— me ganó ciento once. Fíjese usted.

—Yo nunca jugué con él —dijo el gordo.

—Debe ser muy rico —dijo Frazer.

—Es más pobre que nosotros —exclamó el pequeño—. No tiene más que la camisa.

—Y su camisa tiene poco valor, ahora, perforada como está —dijo Frazer.

—Claro.

—¿El que lo hirió era también jugador?

—No; era un obrero. Ha tenido que dejar el pueblo.

—Fíjese usted —dijo el pequeño—. Era el mejor guitarrista que se conoció en el pueblo. El mejor de todos.

—¡Qué lástima!

—Lo creo —dijo el grande—. ¡Y cómo tocaba la guitarra!

—¿No ha quedado ningún guitarrista?

—Ni la sombra de uno.

—Hay un acordeonista que tiene algún valor —declaró el flaco.

—Hay varios que tocan instrumentos —dijo el gordo—. ¿Le gusta a usted la música?

—¿Y cómo no? —exclamó el señor Frazer.

—Podemos venir una noche con música. ¿Cree usted que la hermana lo permitirá? Parece muy amable.

—Estoy seguro de que lo permitirá, cuando Cayetano pueda oírla.

—¿Ella está un poco chiflada? —preguntó el flaco.

—¿Quién?

—La hermana.

—No —dijo el señor Frazer—. Es una mujer magnífica, de gran inteligencia y muy simpática.

—Yo desconfío de todos los curas, los monjes y las monjas —declaró el flaco.

—Tiene malos recuerdos de cuando era niño —dijo el pequeño.

—Fui monaguillo —declaró con orgullo el flaco—. Ahora no creo en nada, ni voy a misa.

—¿Porque se le sube a la cabeza?

—No —dijo el flaco—. Es el alcohol el que se me sube a la cabeza. La religión es el opio de los pobres.

—Creí que la marihuana era el opio del pobre.

—¿Fumó usted opio alguna vez? —preguntó el grande.

—No.

—Ni yo tampoco —dijo—. Parece que es muy malo. Uno empieza y después no puede parar. Es un vicio.

—Como la religión —dijo el flaco.

—Este —declaró el más pequeño— es muy contrario a la religión.

—Es necesario estar en contra de alguna cosa —dijo el señor Frazer con urbanidad.

—Respeto a los que tienen fe, aunque sean ignorantes —dijo el flaco.

—Muy bien —dijo el señor Frazer.

—¿Podemos traerle algo? —preguntó el gordo—. ¿Le falta a usted algo?

—Me gustaría mucho comprar cerveza, si es buena.

—Le traeremos cerveza.

—¿Otra copita antes de irse?

—Es muy bueno.

—Estamos robándole a usted.

—Yo no puedo beber. Se me sube a la cabeza. Luego me duele y me siento mal del estómago.

—Adiós, caballeros.

—Adiós y gracias.

Se fueron. Luego vino la comida y después la radio. Se acallaron todos los ruidos y pudieron escucharse las estaciones en este orden: Denver, Salt Lake City, Los Ángeles y Seattle. El señor Frazer no había recibido ninguna fotografía de Denver, por intermedio de la radioemisora de esa ciudad. No obstante pudo ver a Denver en el Denver Post y corregir el cuadro con The Rocky Mountains News, otro periódico de la misma ciudad. Tampoco tenía idea alguna de Salt Lake City ni de Los

Ángeles por lo que había oído acerca de esos lugares. Todo lo que sabía de Salt Lake City, es que era limpia, pero aburrida; y que había demasiados salones de baile en los demasiado grandes hoteles de Los Ángeles. No le gustaban los salones de baile. Pero ocurría que conoció muy bien Seattle, donde tomaba todas las noches los grandes automóviles blancos de la Compañía de Taxímetros (cada uno de ellos equipado con radio) para ir al sector canadiense, a una hostería, desde donde seguía el tipo de fiestas que se ofrecían, por las selecciones musicales que difundían desde allí. Vivía en Seattle desde las dos de la mañana en adelante, oyendo las piezas que pedían las diferentes personas que allí se reunían, y le resultaba tan real corno Minneapolis, donde los madrugadores dejaban sus lechos calientes todas las madrugadas para efectuar su viaje al local de la radioemisora. El señor Frazer pronto se aficionó a Seattle.

Llegaron los mexicanos trayendo la cerveza, pero no era buena. El señor Frazer los vio, pero no se sentía con ganas de hablar y cuando se fueron supo que no volverían. Sus nervios habían comenzado a fallarle y le disgustaba ver gente cuando estaba en este estado. Sus nervios habían empeorado después de cinco semanas y lo único que le resultaba nuevo era la radio. La tenía encendida toda la noche con un volumen tan bajo que apenas podía oírla y aprendió a escucharla sin pensar siquiera.

La hermana Cecilia entró a la habitación a las diez de la mañana de aquel día y trajo el correo. Era muy hermosa y al señor Frazer le gustaba mirarla y oírla hablar; pero el correo, que se suponía llegaba de un mundo distinto, era más importante. Sin embargo, aquel día no había nada de interés en la correspondencia.

—Parece que está usted mucho mejor —dijo la hermana—. Nos dejará usted pronto.

—Sí —dijo Frazer—. Pero, parece usted muy feliz esta mañana.

—¡Oh! Lo soy. Esta mañana siento como si pudiera llegar a ser una santa.

El señor Frazer se sintió un poco asombrado.

—Si —continuó la hermana Cecilia—. Eso es lo que deseo ser. Una santa. Desde que era pequeña quise serlo. Cuando era niña pensaba que si renunciaba al mundo y entraba en un convento, sería una santa. Eso es lo que deseaba ser y eso es lo que creía que debía hacer para llegar a serlo. Esperaba ser una santa. Estaba absolutamente segura de que lo sería y por un momento, pensé que incluso lo era. ¡Era tan feliz y todo me parecía tan simple y tan fácil! Cuando despertaba por la mañana, esperaba ser ya una santa; pero no lo era. Nunca lo fui. Y quiero serlo. Todo lo que quiero, es ser santa. Eso es lo único que he querido en mi vida. Y esta mañana siento como si pudiera llegar a serio. ¡Oh! Espero poder serlo.

—Lo será. Todo el mundo consigue lo que quiere. Eso es lo que siempre me han dicho.

—No lo sé. Cuando era niña todo me parecía muy sencillo. Sabía que sería una santa. Cuando me di cuenta de que no ocurría de pronto, solo creí que necesitaría tiempo para serlo. Ahora me parece casi imposible.

—Tiene usted una buena probabilidad de serlo.

—¿Lo cree usted realmente? No; no quiero que lo haga para animarme. Quiero ser una santa. ¡Quiero con tanta ansia ser santa!

—¡Apuesto tres a uno a que lo será!

—No; no me anime. Pero, ¡oh!, ¡si pudiera ser santa! Sería completamente feliz.

—Por supuesto que lo será. ¿Cómo está su amigo Cayetano?

—Está mejor, pero quedó paralítico. Una de las balas dió en el nervio que hay a lo largo del muslo y esa pierna le ha quedado paralítica. Solo lo notaron cuando estuvo lo bastante bien para poder moverse.

—Tal vez el nervio podrá regenerarse.

—Rezo para que así sea —exclamó la hermana Cecilia—. Debe usted visitarlo.

—No quiero ver a nadie.

—Usted sabe que le gustaría verlo. Pueden traerlo aquí en su silla de ruedas.

—Bueno.

Lo entraron en la silla de ruedas. Estaba delgado, tenía la piel transparente, los cabellos largos y negros, los ojos sonrientes; cuando sonreía se veían sus dientes cariados.

—¡Hola, amigo! ¿Qué tal?

—Ya lo ves —dijo Frazer—. ¿Y tú?

—Vivo, y con la pierna paralizada.

—Malo. Pero el nervio puede regenerarse y volver a ser tan útil como antes.

—Así dicen.

—¿Y el dolor?

—Ahora no. Durante un tiempo estaba loco con ese dolor en el vientre. Creía que solo el dolor, era capaz de terminar conmigo.

La hermana Cecilia lo observaba, feliz.

—Ella me dijo que no te habías quejado nunca.

—Había mucha gente en la sala —dijo el mexicano, como no dando importancia a su declaración—. ¿Qué clase de dolor tiene usted?

—Bastante fuerte. Claro que no es como el tuyo. Cuando se va la enfermera, grito una hora o dos y eso me calma. Tengo mal los nervios ahora.

—Usted tiene la radio. Si tuviera una habitación privada y una radio estaría gritando y aullando toda la noche.

—Lo dudo.

—Hombre, sí; es muy saludable. Pero no se puede hacer con tanta gente delante.

—Por lo menos —dijo el señor Frazer—, las manos están todavía bien. Me dijeron que vivías de tus manos.

—Y la cabeza —dijo él tocándosela—. Pero la cabeza no vale mucho.

—Estuvieron aquí tres compatriotas tuyos.

—La policía los envió para que me vieran.

—Trajeron cerveza.

—Probablemente era mala.

—Sí.

—Hoy los envió la policía a que me dieran una serenata. —Rió y se acarició el estómago—. Todavía no puedo reír. Como músicos, son fatales.

—¿Y el que lo hirió a usted?

—Otro loco. Le gané treinta y ocho dólares a los naipes. Esa no es razón para matarlo a uno.

—Los tres me dijeron que ganaba usted mucho dinero.

—Soy más pobre que los pájaros.

—¿Cómo?

—Soy un pobre idealista, víctima de las ilusiones. —Rió, luego hizo un gesto y se acarició el estómago—. Soy un jugador profesional, pero me gusta jugar. Jugar verdaderamente. Para el juego verdadero se necesita suerte. Y yo no la tengo.

—¿Nunca?

—Nunca. No tengo ninguna suerte. Vea: ese que me ha herido ahora. No sabía ni tirar. El primer tiro lo erró. El segundo dió en el pobre ruso. Eso ya iba pareciendo suerte, y ¿qué ocurrió? Me acertó dos tiros en el vientre. Es un hombre afortunado. Yo no tengo suerte, no podría herir a un caballo ni aun teniéndolo por las riendas. Fue pura suerte.

—Creí que lo había herido a usted primero y luego al ruso.

—No, al ruso primero, y luego a mí. El diario estaba equivocado.

—Y ¿por qué no le disparó usted?

—Nunca llevo armas. Con la suerte que tengo, si llevara un arma me colgarían diez veces por año. Soy un jugador de naipes, barato. Eso es todo. —Se detuvo y luego continuó—. Cuando consigo algún dinero, juego; y cuando juego, pierdo. He tirado los dados por tres mil dólares y dejado los seis mil al ganar; con dados buenos, y más de una vez.

—Y ¿por qué continúa?

—Si vivo lo bastante, la suerte cambiará. Hace quince años que tengo mala suerte. Si alguna vez consigo que me ayude, seré rico. —Hizo un gesto—. Soy un buen jugador y realmente seré muy feliz siendo rico.

—¿Tiene mala suerte en todos los juegos?

—En todos y con las mujeres —sonrió de nuevo mostrando sus dientes cariados.

—¿Es cierto?

—Verdaderamente.

—¿Y qué queda entonces por hacer?

—Seguir, lentamente, y esperar una oportunidad.

—¿Y con las mujeres?

—Ningún jugador tiene suerte con las mujeres. Es demasiado concentrado. Además trabaja por la noche, que es cuando debería estar con la mujer. Ningún hombre que trabaje de noche puede conservar a su mujer, si ella vale algo.

—Es usted un filósofo.

—No, hombre. Un jugador de pueblo. Un pueblecito y después otro, y otro; luego una gran ciudad; y después comenzamos de nuevo.

—Luego un tiro en el vientre.

—Es la primera vez —dijo—. Solo me ha ocurrido una vez.

—¿Lo canso hablando? —preguntó el señor Frazer.

—No —dijo el jugador—. Debo ser yo quien lo cansa a usted.

—¿Y la pierna?

—No puedo utilizarla mucho. Estoy perfectamente con la pierna, o sin ella. De todos modos podré circular.

—Le deseo a usted suerte de todo corazón —declaró el señor Frazer.

—Igualmente —replicó–, y que termine el dolor.

—Seguramente no durará. Se está pasando. No tiene mucha importancia.

—Que pase rápidamente.

—Igualmente.

Aquella noche los mexicanos tocaron el acordeón y otros instrumentos en la sala. La música era alegre y el ruido de las inhalaciones y las exhalaciones del instrumento, de las campanas, y el tambor, llegaban por el corredor. En esa sala había un domador de rodeo que se había caído del potro una calurosa tarde de verano, mientras lo contemplaba una gran multitud y, ahora, con la columna vertebral rota, estaba aprendiendo a trabajar el cuero y hacer sillas de mimbre, mientras se reponía lo bastante para dejar el hospital. Había un carpintero que cayó de un andamio, rompiéndose las muñecas y los tobillos. Cayó como un gato, pero sin la elasticidad de ese animal. Habían logrado unir sus huesos y podría volver a trabajar, pero eso le llevaría mucho tiempo. Luego, un muchacho de una granja, de dieciséis años, con una pierna rota que había quedado mal unida y tuvo que ser vuelta a quebrar. Estaba también Cayetano Ruiz, jugador de pueblo, con una pierna paralítica. Desde el fondo del corredor el señor Frazer podía oírlos reír y hacer bromas con la música de los mexicanos, que fueron enviados por la policía. Los extranjeros se divertían.

Luego llegaron muy alegres a ver al señor Frazer y le preguntaron si quería que tocaran algo. Volvieron otras dos veces, por su propia cuenta, a tocar para los enfermos.

La última vez que tocaron, el señor Frazer se hallaba en su habitación con la puerta abierta y, mientras escuchaba la ruidosa y detestable música, no podía dejar de pensar. Cuando le preguntaban qué quería que interpretaran, pedía La cucaracha, que tiene la siniestra ligereza y la habilidad de tantas melodías por las que murieron los hombres. Tocaban ruidosamente y con emoción. La melodía era mejor que la mayoría de las otras que ejecutaban —en opinión del señor Frazer—, pero los defectos eran los mismos.

A pesar de esa introducción emocional, el señor Frazer continuó pensando. Por lo común evitaba pensar, excepto cuando escribía. Pero ahora no podía dejar de pensar en los que estaban tocando y en lo que había dicho el pequeño.

La religión es el opio del pueblo. Ese dispéptico y pequeño bodeguero creía eso. Sí; y la música es el opio del pueblo. Aquel viejo "se me sube a la cabeza" no había pensado en ello. Y ahora, la economía es el opio del pueblo y el patriotismo es el opio del pueblo en Italia y Alemania. ¿Qué podía decirse de las relaciones sexuales? ¿Eran el opio del pueblo? De algunos. De algunos de los mejores, entre el pueblo. Pero la bebida era el opio soberano del pueblo —y barato, por añadidura—, que él mismo usaba de vez en cuando. Junto con ellos estaba el juego, opio del pueblo, si alguna vez lo hubo, y uno de los más antiguos. La ambición era otro, otro opio del pueblo, junto con la creencia en una nueva forma de gobierno. Lo que uno desea es el mínimo de gobierno; cada vez menos gobierno. Libertad; aquello en que creímos una vez, ahora no es más que el título de una publicación de MacFadden. Creíamos en ella cuando todavía no habíamos logrado encontrarle un nombre.

Pero, ¿cuál era la verdadera? ¿Cuál era el verdadero, el real opio del pueblo? Lo sabía muy bien. Se había alejado hasta la vuelta de la esquina, en aquella parte bien iluminada de su mente, que se alumbraba después de dos o más tragos durante la noche. Él sabía que estaba allí (y por supuesto no lo estaba). ¿Qué era? Lo sabía muy bien. ¿Qué era? Por supuesto: el pan era el opio del pueblo. ¿Lo recordaría? ¿Tendría algún sentido por la mañana? El pan es el opio del pueblo.

—Escuche —dijo Frazer a la enfermera que acababa de entrar—. Traiga a ese mexicano flaco, ¿quiere?

—¿Le ha gustado a usted? —preguntó al entrar.

—Mucho.

—Es una canción histórica —dijo el mexicano—, es la canción de la verdadera revolución.

—Escuche —dijo el señor Frazer—. ¿Por qué debe operarse a la gente sin anestésicos?

—No lo comprendo.

—¿Por qué no son buenos todos los opios del pueblo? ¿Qué quiere hacer usted con el pueblo?

—Debe ser rescatado de la ignorancia.

—No diga tonterías. La educación es el opio del pueblo. Usted debe saberlo. Usted ha tenido alguna.

—¿No cree usted en la educación?

—No —dijo el señor Frazer—. En el conocimiento, sí. —No puedo comprenderlo.

—Muchas veces, ni siquiera yo mismo me sigo con placer.

—¿Quiere usted escuchar otra vez La cucaracha? —preguntó el mexicano con aspecto preocupado.

—Sí —dijo el señor Frazer—. Toquen otra vez La cucaracha. Es mejor que la radio.

La revolución, pensó el señor Frazer, no es opio. La revolución es una catarsis; un éxtasis que solo puede prolongarse en la tiranía. El opio entra antes y después. Estaba pensando bien. Demasiado bien.

Se irían dentro de poco tiempo y se llevarían con ellos La cucaracha. Luego escucharía la radio. Podía escucharse la radio de modo que solo uno la oía.

DIEZ INDIOS

Después de un 4 de julio, Nick, que volvía a casa ya tarde en la gran carreta de Joe Garner tras haber estado en el pueblo, vio a nueve indios borrachos junto a la carretera. Se acordaba de que eran nueve porque Joe Garner, que era el que conducía a la luz del crepúsculo, paró los caballos, saltó a la carretera y sacó a un indio a rastras de la rodada. El indio estaba dormido boca abajo en la arena. Joe lo arrastró hasta los matorrales y regresó a la carreta.

—Con este son nueve —dijo Joe—, solo entre aquí y el límite del pueblo.

—Esos indios —dijo la señora Garner.

Nick iba en el asiento de atrás con los dos hijos de los Garner. Se asomaba para ver el indio que Joe había arrastrado fuera de la carretera.

—¿No era ese Billy Tabeshaw? —preguntó Carl.

—No.

—Pues sus pantalones parecían igualitos a los de Billy.

—Todos los indios llevan la misma clase de pantalones.

—Yo no lo he visto —dijo Frank—. Papá bajó a la carretera y volvió a subir antes de que yo pudiera ver nada. Creía que estaba matando una serpiente.

—Esta noche muchos indios andarán distraídos, imagino —dijo Joe Garner.

—Esos indios —dijo la señora Garner.

Siguieron adelante. El camino se separaba de la carretera y subía las colinas. A los caballos les costaba tirar y los chicos bajaron y fueron andando. El camino era arenoso. Nick miró hacia atrás desde lo alto de la colina, junto a la escuela. Vio las luces de Petoskey, y, en la otra orilla de la bahía de Little Traverse, las luces de Harbour Springs. Volvieron a subirse al carro.

—Deberían poner un poco de grava en ese tramo —dijo Joe Garner. La carreta siguió internándose en el bosque por el camino. Joe y la señora Garner iban juntos en el asiento delantero. Nick estaba sentado entre los dos chicos. La carretera desembocaba en un claro.

—Justo ahí fue donde papá atropelló un zorrillo.

—Fue más adelante.

—Tanto da dónde fuera —dijo Joe sin volverse—. Para atropellar un zorrillo un lugar es tan bueno como cualquier otro.

—Anoche vi dos zorrillos —dijo Nick.

—¿Dónde?

—Junto al lago. Buscaban pescado muerto en la orilla.

—Probablemente eran mapaches —dijo Carl.

—Eran zorrillos. Creo que sé distinguir un zorrillo.

—Deberías saber distinguirlos —dijo Carl—. Tienes una novia india.

—Deja de hablar así, Carl —dijo la señora Garner.

—Bueno, huelen casi igual.

Joe Garner se rio.

—Deja de reírte, Joe —dijo la señora Garner—. No toleraré que Carl hable así.

—¿Tienes una novia india, Nickie? —preguntó Joe.

—No.

—Sí que la tiene, papá —dijo Frank—. Prudence Mitchell es su novia.

—No lo es.

—Va a verla cada día.

—No es cierto —Nick, sentado en la oscuridad entre los dos muchachos, se sintió vacío y feliz por dentro al oír que se metían con él por culpa de Prudence Mitchell—. No es mi novia —dijo.

—Escúchenlo —dijo Carl—. Los veo juntos cada día.

—Carl no puede encontrar novia —dijo su madre—, ni siquiera una india.

Carl se quedó callado.

—A Carl no se le dan bien las chicas —dijo Frank.

—Tú cállate.

—Haces bien, Carl —dijo Joe Garner—. Las chicas siempre te llevan por el mal camino. Mira a tu padre.

—Claro, ahora dices eso —dijo la señora Garner, acercándose a Joe cuando el carro dio una sacudida—. Bueno, en tu época tenías muchas chicas.

—Seguro que papá nunca tendría por novia a una india.

—No te creas —dijo Joe—. Vigila que Prudie no se te escape, Nick.

Su esposa le susurró algo y Joe rio.

—¿De qué te ríes? —preguntó Frank.

—No se lo digas, Garner —le advirtió su esposa. Joe volvió a reír.

—Nickie puede quedarse con Prudence —dijo Joe Garner—. Yo ya tengo a una buena chica.

—Así se habla —dijo la señora Garner.

Los caballos tiraban con fuerza en la arena. En la oscuridad, Joe les dio un golpecito con el látigo.

—Venga, tiren. Mañana tendrán que tirar más fuerte.

Bajaron la colina al trote, con la carreta dando tumbos. En la granja todo el mundo se apeó. La señora Garner abrió la puerta con llave, entró y salió con una lámpara en la mano. Carl y Nick descargaron las cosas de la parte trasera del carro. Frank se sentó delante para llevarlo al establo y preparar a los caballos para la noche. Nick subió los escalones y abrió la puerta de la cocina. La señora Garner estaba encendiendo el fuego. Vertía queroseno en la leña. Se volvió.

—Adiós, señora Garner —dijo Nick—. Gracias por traerme.

—A la orden, Nickie.

—La he pasado estupendamente.

—Nos gusta tu compañía. ¿Quieres quedarte a cenar?

—Es mejor que me vaya. Mi padre debe de estar esperándome.

—Buen, vete pues. Dile a Carl que venga, ¿quieres?

—Muy bien.

—Adiós, Nickie.

—Adiós, señora Garner.

Nick salió al corral y se dirigió al establo. Joe y Frank estaban ordeñando.

—Buenas noches —dijo Nick—. La he pasado muy bien.

—Buenas noches, Nick —le contestó Joe Garner—. ¿Te quedas a cenar?

—No, no puedo. ¿Le dirá a Carl que su madre quiere que vaya?

—Muy bien. Buenas noches, Nickie.

Nick anduvo descalzo por el camino que cruzaba el prado por debajo del granero. Era un camino liso y sentía el rocío fresco en los pies. Saltó una cerca que había al final del prado, bajó por un barranco, los pies mojados en el barro del pantano, y luego subió por entre el hayedo seco hasta que vio las luces de la cabaña. Saltó la cerca y se acercó al balcón delantero. A través de la ventana vio a su padre sentado junto a la mesa, leyendo a la luz de la lámpara grande. Nick abrió la puerta y entró.

—Hombre, Nickie —dijo su padre—, ¿has tenido un buen día?

—La he pasado muy bien. Ha sido un 4 de julio estupendo.

—¿Tienes hambre?

—Ya lo creo.

—¿Qué ha pasado con tus zapatos?

—Me los dejé en el carro, en casa de los Garner.

—Vamos a la cocina.

El padre de Nick iba delante con la lámpara. Se detuvo y levantó la tapa del refrigerador. Nick entró en la cocina. Su padre le puso un trozo de pollo frío en el plato y una jarra de leche en la mesa. Dejó la lámpara junto a la comida.

—También hay un poco de tarta —dijo—. ¿Te parece bien?

—Está más que bien.

Su padre se sentó en una silla junto a la mesa, cubierta con un hule. Formaba una sombra grande sobre la pared de la cocina.

—¿Quién ganó el partido?

—Petoskey. Cinco a tres.

Su padre se quedó mirando cómo comía y le llenó el vaso de leche. Nick bebió y se limpió los labios con la servilleta. Su padre alargó el brazo hacía la estantería para coger la tarta. Le cortó un buen trozo a Nick. Era tarta de arándanos.

—¿Qué has hecho hoy, papá?

—Esta mañana he ido a pescar.

—¿Qué has cogido?

—Solo percas.

Su padre miró a Nick comerse la tarta.

—¿Qué has hecho esta tarde? —preguntó Nick.

—Fui a dar una vuelta por el campamento indio.

—¿Viste a alguien?

—Los indios estaban todos en el pueblo, emborrachándose.

—¿Y no viste a nadie?

—Vi a tu amiga, Prudíe.

—¿Dónde estaba?

—Estaba en el bosque con Frank Washburn. Me los encontré. Se estaban divirtiendo mucho.

Su padre no lo estaba mirando.

—¿Qué hacían?

—No me quedé a averiguarlo.

—Dime qué hacían.

—No lo sé —dijo su padre—. Los oí retozar por ahí.

—¿Cómo sabes que eran ellos?

—Los vi.

—¿No acabas de decir que no los viste?

—Oh, sí, los vi.

—¿Quién estaba con ella? —preguntó Nick.

—Frank Washburn.

—Estaban… estaban…

—¿Estaban qué?

—¿Estaban contentos?

—Eso creo.

Su padre se levantó de la mesa y salió por la puerta mosquitera de la cocina. Cuando volvió, Nick estaba mirando su plato. Había estado llorando.

—¿Quieres un poco más? —su padre cogió el cuchillo para cortar más tarta.

—No —dijo Nick.

—Es mejor que te comas otro trozo.

—No, no quiero más.

Su padre quitó la mesa.

—¿En qué parte del bosque estaban? —preguntó Nick.

—Detrás del campamento —Nick miró su plato. Su padre entonces dijo—: Es mejor que te vayas a la cama, Nick.

—Está bien.

Nick entró en su habitación, se desvistió y se metió en la cama. Oyó que su padre deambulaba por la sala. Nick se acostó con la cara en la almohada.

"Me han roto el corazón", pensó. "Si me siento así mi corazón debe de estar roto."

Al cabo de un rato oyó que su padre apagaba la lámpara de un soplido y regresaba a su dormitorio. Oyó soplar el viento entre los árboles y sintió frío colarse por la mosquitera. Se quedó un largo rato con la cara en la almohada, y al cabo se le olvidó pensar en Prudence y al final se durmió. Cuando se despertó en plena noche oyó el viento en los abetos y las olas del lago llegando a la orilla, y se volvió a dormir. Por la mañana el viento era un vendaval y las olas eran altas en la costa, y estuvo mucho rato despierto antes de acordarse de que le habían roto el corazón.

DIOS LES CONERVE LA ALEGRÍA, CABALLEROS

En aquellos días las distancias eran muy diferentes, el viento levantaba la tierra de las colinas que ahora son terreno llano, y Kansas City se parecía mucho a Constantinopla. Es posible que no lo crean. Nadie se lo cree; pero es cierto. Aquella tarde nevaba, y en el interior del escaparate de una tienda de carros, iluminado en medio del precoz crepúsculo, había un autómovil de carreras totalmente plateado con las letras Dans Argent en la capota. Yo creía que eso significaba el baile de la plata o el bailarín de la plata, y, un tanto desconcertado por su sentido, pero feliz al ver el coche y satisfecho por comprender un idioma extranjero, seguí andando por la calle nevada. Venía del salón de los Hermanos Woolf, donde en Navidad y el día de Acción de Gracias se servía una cena gratis a base de pavo, y me dirigía al hospital municipal, que estaba en lo alto de una elevada colina y desde el que se dominaba el humo, los edificios y las calles de la ciudad. En la recepción del hospital estaban los dos médicos del servicio de ambulancia, Doc Fisher y el doctor Wilcox, sentados, uno delante de un escritorio y el otro en una silla junto a la pared.

Doc Fisher era un tipo alto de pelo pajizo y boca fina, ojos divertidos y manos de tahúr. El doctor Wilcox era bajito, de pelo negro y llevaba un libro con índices, La guía y amigo del médico joven, el cual, al ser consultado sobre cualquier tema, te decía los síntomas y el tratamiento. También había un índice cruzado, de manera que al consultar los síntomas te indicaba también el diagnóstico. Doc Fisher había sugerido que en sucesivas ediciones se añadiera otro índice de referencias cruzadas, de manera que si se consultaban los tratamientos, se revelaran las dolencias y los síntomas. "Para refrescar la memoria", decía.

El doctor Wilcox se mostraba muy quisquilloso con el libro, pero no podía prescindir de él. Estaba encuadernado en cuero blando y le cabía en el bolsillo de la bata; lo había comprado siguiendo el consejo de uno de sus profesores, que le había dicho: "Wilcox, usted no tiene ningún futuro como médico, y he hecho todo lo que estaba en mi poder para impedir que le dieran el título. Ya que es usted un nuevo miembro de esta distinguida profesión le aconsejo, en el nombre de la humanidad, que se haga con un ejemplar de La guía y amigo del médico joven, y lo utilice, doctor Wilcox. Aprenda a utilizarlo".

El doctor Wilcox no le contestó, pero ese mismo día se compró la guía encuadernada en piel.

—Vaya, Horace —dijo Doc Fisher cuando entré en la recepción, que olía a cigarrillos, yodoformo, ácido fénico y radiador sobrecalentado.

—Caballeros —dije.

—¿Qué se cuenta en la ciudad? —preguntó Doc Fisher. Afectó cierta extravagancia en el habla que me pareció el colmo de la elegancia.

—El pavo gratis del Woolf —contesté.

—¿Compartiste los manjares?

—Copiosamente.

—¿Había presentes muchos cofrades tuyos?

—Todos. Todo el personal.

—¿Mucho espíritu navideño jovial?

—No mucho.

—El doctor Wilcox, aquí presente, también ha compartido un poco —dijo Doc Fisher. El doctor Wilcox levantó la vista y lo miró, y luego a mí.

—¿Quieres un trago? —preguntó.

—No, gracias —dije.

—Eso está bien —dijo el doctor Wilcox.

—Horace —dijo Doc Fisher—, no te importa que te llame Horace, ¿verdad?

—No.

—Horace, buen amigo. Tenemos un caso en extremo interesante.

—Ya lo creo —dijo el doctor Wilcox.

—¿Te acuerdas del tipo que estuvo aquí ayer?

—¿Cuál?

—El que buscaba convertirse en eunuco.

—Sí.

Yo estaba presente cuando entró. Era un muchacho de unos dieciséis años. Entró sin sombrero, muy alterado y asustado, pero decidido. Tenía el pelo rizado y los labios prominentes, y era fornido.

—¿Qué te pasa, hijo? —le había preguntado el doctor Wilcox.

—Quiero que me castren —dijo el muchacho.

—¿Por qué? —preguntó Doc Fisher.

—He rezado y he hecho de todo pero nada me ayuda.

—Te ayuda ¿a qué?

—A mantener a raya esa terrible lujuria.

—¿Qué terrible lujuria?

—La que siento. La que no puedo dejar de sentir. Rezo toda la noche.

—Dinos qué te ocurre —preguntó Doc Fisher.

El muchacho se lo contó.

—Escucha, muchacho —le dijo Doc Fisher—. No te pasa nada malo. Eso es lo que se supone que debes sentir. No es un problema.

—No está bien —dijo el muchacho—. Es un pecado contra la pureza. Es un pecado contra nuestro Señor y Salvador.

—No —dijo Doc Fisher—. Es algo natural. Es como se supone que has de ser, y más adelante te considerarás muy afortunado.

—Oh, no lo entiende —dijo el muchacho.

—Escucha —dijo Doc Fisher, y le dijo algunas cosas al muchacho.

—No. No quiero escucharlo. No puede obligarme a escucharlo.

—Por favor, escúchame —dijo Doc Fisher.

—No eres más que un maldito necio —le dijo al muchacho el doctor Wilcox.

—Entonces, ¿no piensa hacerlo?

—¿Hacer el qué?

—Castrarme.

—Escucha —dijo el doctor Fisher—. Nadie va a castrarte. A tu cuerpo no le pasa nada. Tienes un cuerpo sano y no debes pensar en ello. Si eres religioso recuerda que de lo que te quejas no es un estado pecaminoso sino un medio de consumar un sacramento.

—No puedo impedir que ocurra —dijo el muchacho—. Me paso la noche rezando y también rezo de día. Es un pecado, es un pecado constante contra la pureza.

—Venga, ve y… —dijo el doctor Wilcox.

—Cuando me habla así no lo escucho —le dijo el muchacho con dignidad al doctor Wilcox—. ¿Quiere hacerlo, por favor? —le pidió a Doc Fisher.

—No —dijo Doc Fisher—. Ya te lo he dicho, muchacho.

—Sácalo de aquí —dijo el doctor Wilcox.

—Me iré —dijo el muchacho—. No me toque. Me iré.

Eso había sido a eso de las cinco del día anterior.

—¿Qué ha pasado? —pregunté.

—A eso de la una de la mañana —dijo Doc Fisher—, hemos ingresado al joven. Se había mutilado con una navaja de afeitar.

—¿Castrado?

—No —dijo Doc Fisher—. No sabía lo que significaba castrar.

—Podría morir —dijo el doctor Wilcox.

—¿Por qué?

—Ha perdido mucha sangre.

—Este magnífico médico aquí presente, el doctor Wilcox, estaba de guardia, y fue incapaz de encontrar esa emergencia en su libro.

—¿Por qué demonios cuentas eso? —dijo el doctor Wilcox.

—He intentado expresarlo de la manera más afable posible, doctor —dijo Doc Fisher mirándose las manos, unas manos que, siendo él alguien siempre dispuesto a hacer un favor y muy poco respetuoso con las leyes federales, lo habían metido en líos—. Horace, aquí presente, es testigo de que solo me pronuncio en el tono más afable posible. Lo que el joven llevó a cabo fue una amputación, Horace.

—Bueno, pues me gustaría que no te metieras conmigo por eso —dijo el doctor Wilcox—. No hay ninguna necesidad de meterse conmigo.

—¿Meterme contigo, doctor, en el mismísimo aniversario del cumpleaños de nuestro Salvador?

—¿Nuestro Salvador? ¿No eres judío? —dijo el doctor Wilcox.

—Lo soy. Lo soy. Es que siempre se me olvida. Nunca le he concedido la debida importancia. Tienes razón. Tu Salvador, sin duda, tu Salvador… y cómo lo engatusaron el Domingo de Ramos.

—Qué listo eres —dijo el doctor Wilcox.

—Un excelente diagnóstico, doctor. Siempre he sido demasiado listo. Desde luego en la costa me pasé de listo. Evítalo, Horace. No tienes mucha tendencia, pero a veces veo un atisbo. Menudo diagnóstico… y sin libro.

—Al diablo contigo —dijo el doctor Wilcox.

—Todo a su debido tiempo, doctor —dijo Doc Fisher—. Todo a su debido tiempo. Si tal lugar existe, sin duda lo visitaré. Incluso ya he tenido algún vislumbre de él. La verdad es que poca cosa, un visto y no visto. Casi enseguida aparté la mirada. ¿Y sabes lo que dijo ese joven, Horace, cuando este magnífico médico que tenemos aquí lo ingresó? Dijo: "Le pedí que me lo hiciera. Le pedí muchas veces que me lo hiciera".

—Y encima en Navidad —dijo el doctor Wilcox.

—Que sea un día concreto no es importante —dijo Doc Fisher.

—Puede que no para ti —dijo el doctor Wilcox.

—¿Lo ha oído, Horace? —dijo Doc Fisher—. ¿Lo ha oído? Tras haber descubierto mi punto vulnerable, mi tendón de Aquiles, por así decir, el doctor quiere aprovecharse.

—Eres demasiado listo —dijo el doctor Wilcox.

EL FIN DE ALGO

Antes, Horton Bay era un pueblo de madereros y leñadores. Ninguno de sus habitantes estaba libre del ruido de las grandes máquinas de un aserradero que había junto al lago. Pero un año se acabaron los troncos para aserrar. Entonces, las goletas de los madereros anclaron en la bahía y cargaron y se llevaron toda la madera amontonada en el patio. Desmantelaron el aserradero de toda la maquinaria transportable, que los mismos hombres que habían trabajado allí embarcaron en una de las goletas. La embarcación se alejó por el lago llevando las dos grandes sierras, el aparato que arrojaba los troncos contra las sierras circulares giratorias y todas las ruedas, correas y herramientas que cabían en ese enorme cargamento de madera. La bodega abierta estaba tapada con lona y de un modo hermético. Una vez henchidas las velas, el barco empezó a navegar por el lago, llevándose todo lo que había hecho del aserradero, un aserradero, y de Horton Bay, un pueblo.

Las casas de un piso, la cantina, el almacén de la compañía, las oficinas del aserradero y el mismo aserradero quedaron desiertos en medio de la pantanosa pradera cubierta de serrín que se extendía a la orilla del lago.

Diez años más tarde no quedaba nada del aserradero, excepto los cimientos de piedra caliza que Nick y Marjorie vieron a través del bosque renacido, mientras remaban a lo largo de la costa. Estaban pescando en bote al borde del banco que partía repentinamente desde los bajíos arenosos hacia las negras aguas de doce pies de profundidad. Se dirigían al lugar más apropiado para colocar los sedales nocturnos que atraían a las truchas arcoíris.

—He aquí nuestra vieja ruina, Nick —dijo Marjorie.

Mientras remaba, Nick miró hacia las piedras blancas que se veían entre los árboles verdes.

—Allí está —expresó.

—¿Te acuerdas cuando estaba el aserradero? —preguntó Marjorie.

—Sí, me acuerdo.

—Parece más bien un castillo —opinó la muchacha.

Nick no dijo nada. Remaron hasta perder de vista los restos del aserradero, siguiendo la costa. Luego, Nick atravesó la bahía.

—No están picando —dijo.

—No —respondió Marjorie, absorta en la caña mientras remaban. No se distraía ni siquiera al hablar. Le gustaba pescar. Le gustaba mucho pescar con Nick.

Cerca del bote, una trucha enorme sacudió la superficie del agua. Nick remó fuerte con un solo remo, haciendo girar el bote para que el anzuelo pasase por donde se hallaba la trucha. Cuando asomó su espinazo, los peces que usaba como cebo saltaron en forma salvaje. Se desparramaron por la superficie como un puñado de municiones arrojadas al agua. Del otro lado de la embarcación saltó otra trucha, en busca del preciado alimento.

—Están comiendo —indicó Marjorie.

—Pero no van a picar —dijo Nick.

Volvió a dar la vuelta con el bote pasando entre los hambrientos peces, y se dirigió a la costa. Marjorie no recogió el sedal hasta que llegaron a la orilla.

Detuvieron la embarcación en la playa y Nick sacó un balde con percas vivas que nadaban en el agua del recipiente. Después cogió tres con las manos y les cortó la cabeza y las peló, mientras Marjorie introducía las manos en el balde. Finalmente sacó una perca y empezó a hacer lo mismo que Nick. Nick miró el pez de Marjorie.

—No es necesario arrancarle la aleta ventral —dijo—. Lo mismo sirve como cebo, pero es mejor que la tenga.

Enganchó las colas de las percas peladas en los dos anzuelos del sedal de cada caña. Había dos anzuelos colocados en una guía para cada caña. Marjorie, por su parte, remó hacia el banco arenoso. Sostenía el hilo entre los dientes y miraba a Nick, que estaba con la caña en la playa, mientras el sedal se desenrollaba.

—Ya está bien —gritó.

—¿Lo suelto? —dijo Marjorie, con el sedal en la mano.

—Claro. Suéltalo.

Marjorie dejó caer el hilo y miró cómo los cebos penetraban en el agua.

Luego volvió con el bote y se llevó el segundo sedal de la misma manera. A cada oportunidad, Nick colocó una pesada tabla haciendo cruz con el extremo de la caña para que no se moviera, y un trozo de madera más pequeño para formar el ángulo. Después devanó el sedal con lentitud hasta dejarlo tirante y establecer una línea recta desde donde el anzuelo descansaba sobre el fondo arenoso, y por último aseguró el carrete regulador. De este modo cuando alguna trucha se acercaba a comer, el hilo daba un tirón y el ruido del trinquete fijo indicaba su presencia.

Al principio, Marjorie avanzó lentamente para no mover el sedal, pero una vez que estuvo fuera de esa zona, remó con rapidez hacia la playa, acompañada por pequeñas olas. La muchacha salió del bote y Nick lo arrastró por la arena.

—¿Qué te pasa, Nick? —preguntó Marjorie.

—No sé —contestó este mientras juntaba leña para el fuego.

Encendieron el fuego con la madera que el agua había llevado a la costa. Marjorie fue al bote en busca de una manta. La brisa nocturna impulsaba el humo hacia el lugar, por lo que extendió la manta entre el fuego y el lago.

Después se sentó sobre la manta, de espaldas al fuego, y esperó a Nick. Éste volvió enseguida y se sentó a su lado. Detrás de ellos estaba el bosque renacido, en el promontorio, y enfrente, la bahía con la desembocadura del arroyo de Hortons. La oscuridad no era completa. La luz de la fogata iluminaba el agua. Ambos pudieron ver las dos cañas de pescar de acero, inclinadas sobre el lago. El fuego provocaba destellos en los carretes.

Marjorie abrió la cesta de la cena.

—No tengo ganas de comer —dijo Nick.

—Vamos, Nick. Come.

—Bueno.

Comieron sin decir nada, observando las dos cañas y el fuego reflejado en el agua.

—Esta noche va a haber luna —expresó Nick, que miraba hacia el otro lado de la bahía. Las colinas se recortaban ya contra el cielo. Se dio cuenta de que la luna estaba ya por asomarse, más allá de las colinas.

—Ya lo sé —dijo Marjorie con alegría.

—Tú lo sabes todo.

—¡Oh! ¡Cállate, Nick! Te lo ruego. ¡No seas así, por favor!

—No puedo evitarlo. Tú tienes la culpa. Lo sabes todo. Ese es el problema, y también lo sabes.

Marjorie no dijo nada.

—Te lo enseñado todo —continuó Nick—. No lo niegues. ¿Qué es lo que no sabes, entonces?

—¡Oh! ¡Cállate! Ahí viene la luna.

Se quedaron sentados sobre la manta, sin tocarse, observando cómo aparecía la luna.

—No tienes por qué decir tonterías —protestó Marjorie—. ¿Qué te ocurre en realidad?

—No sé.

—Por supuesto que lo sabes

—No. No sé.

—Anda. Dilo.

Nick miró la luna, que se empinaba encima de las colinas.

—Ya no me divierte esto.

Tenía miedo de mirar a la muchacha, pero la miró. Marjorie le daba la espalda. Siguió mirándola.

—Ya no me divierte. Nada. En absoluto.

Ella no dijo nada. Nick continuó:

—Me encuentro como si todo se hubiera ido al demonio en mi alma. No sé, Marge. No sé qué decir.

Todavía miraba la espalda de la mujer.

—¿Ya no te divierte el amor? —preguntó Marjorie.

—No.

Marjorie se puso de pie. Nick permaneció sentado, con la cabeza entre las manos.

—Voy a usar el bote —le dijo Marjorie—. Tú puedes volver a pie por el promontorio.

—Bueno —dijo Nick—. Espera, que iré a desatracar el bote.

—No hace falta —cuando dijo esto, Marjorie estaba ya dentro de la embarcación, en el agua, bajo la luz de la luna.

Nick regresó y se acostó boca abajo, sobre la manta junto al fuego. Oyó el rítmico movimiento de los remos, mientras Marjorie se alejaba.

Permaneció allí largo rato. Estaba acostado cuando Bill apareció en el claro después de atravesar el bosque. Sintió que el recién llegado se acercaba al fuego. Pero Bill no lo tocó.

—¿Salió todo bien con ella? —preguntó Bill.

—Sí —contestó Nick sin abandonar su posición, con la cara pegada a la manta.

—¿Hubo una escena?

—No, no hubo ninguna escena.

—¿Cómo te sientes?

—¡Oh! ¡Vete, Bill! Vete por un rato.

Bill eligió un sándwich de la cesta y fue a echar un vistazo a las cañas.

EL INVICTO

Manuel García subió por la escalera hasta la oficina de don Miguel Retana. Dejó la maleta en el suelo y llamó a la puerta, sin que nadie respondiera. A pesar de ello se dio cuenta de que había alguien en la habitación, como si hubiese visto a través de la puerta.

—Retana —dijo, y prestó atención.

No contestó nadie.

"Sin embargo, está ahí dentro", pensó Manuel.

—Retana —repitió mientras golpeaba con más fuerza.

—¿Quién es? —respondió alguien de adentro.

—Soy yo. Manolo.

—¿Y a qué vienes? —preguntó la voz.

—A buscar trabajo.

La llave dio vueltas varias veces en la cerradura antes de que la puerta se abriera.

Manuel entró con la maleta.

Al fondo del despacho, un hombre pequeño estaba sentado en su escritorio. En la pared había una cabeza de toro disecada por un taxidermista madrileño. En las otras colgaban fotografías enmarcadas y carteles de propaganda de las corridas.

El hombrecito miró fijamente a Manuel.

—Creía que estabas muerto —le dijo.

El recién llegado golpeó con sus nudillos el escritorio.

—¿Cuántas corridas toreaste este año? —preguntó Retana sin dejar de mirarlo.

—Una.

—¿Nada más?

—Nada más.

—Sí, me enteré por los diarios —dijo Retana, recostándose en la silla.

Manuel observó el toro disecado. No era la primera vez que lo contemplaba siempre con cierto interés familiar: aquel animal había muerto a su hermano nueve años antes, truncando su prometedora carrera. Recordó perfectamente aquel día. No alcanzaba a leer la chapa de bronce del escudo de roble, pero se imaginó que estaba dedicada a su hermano. Al fin y al cabo era un buen muchacho.

La chapa decía: "'Toro Mariposa', del Duque de Veragua, que recibió 9 varas de 7 caballos y causó la muerte a Antonio García, novillero, el 27 de abril de 1909."

Retana lo sorprendió mirando la cabeza disecada.

—El ganado que me mandó el Duque para el domingo armará un escándalo. Tienen todas las patas lastimadas. ¿Qué dicen en el café?

—No sé —contestó Manuel—. Acabo de llegar.

—Sí. Veo que todavía llevas la maleta.

Retana miró a su interlocutor recostándose detrás del enorme escritorio.

—Siéntate. Quítate la gorra.

Manuel se sentó y su rostro cambió al sacarse la gorra. Estaba pálido. La coleta prendida con alfileres en la parte delantera y tapada hasta aquel momento por la gorra le daba un aspecto extraño.

—Parece que no te encuentras bien —expresó Retana.

—Acabo de salir del hospital.

—Decían que iban a cortarte la pierna.

—No —dijo Manuel—. No hizo falta.

Retana se inclinó sobre el escritorio alargándole una caja de madera.

—¿Un cigarrillo?

—Gracias.

Manuel lo encendió.

—¿Fuego? —preguntó mientras ofrecía el fósforo a Retana.

—No —éste hizo un gesto negativo con la mano—, no fumo nunca.

Observó por un instante cómo fumaba Manuel.

—¿Por qué no buscas un empleo? —le preguntó.

—No quiero trabajar. Soy torero.

—Ya se acabaron los toreros.

—Soy torero.

—Sí, mientras estás aquí.

A Manuel le provocó risa lo que dijo Retana.

—Te consigo una corrida nocturna, si quieres —ofreció el empresario.

—¿Cuándo?

—Mañana por la noche.

—No me interesa reemplazar a nadie —contestó el torero—. De este modo los matan. Así murió Salvador. —Volvió a golpear la mesa con los nudillos.

—Es todo lo que tengo.

—¿Por qué no me incluye en el cartel de la próxima semana? —sugirió.

—No iría nadie —repuso Retana—. El público solo quiere a Litri, Rubito y La Torre. Esos muchachos valen la pena.

—Tal vez vaya la gente para ver cómo muero —dijo Manuel con esperanza.

—No, imposible. Ni te conocen.

—Tengo experiencia.

—Te ofrezco la oportunidad de actuar mañana por la noche con el joven Hernández y matar dos novillos después de la charlotada.

—¿De quién son los novillos?

—No sé. Cualquier porquería que haya en los corrales. Los que los veterinarios no dejan correr por la tarde.

—No me gusta ser un reemplazante.

—Haz lo que te plazca.

Retana volvió a sus papeles sin ocuparse más del otro. Hizo caso omiso del pedido de Manuel y tampoco pensó en su buena época. Prefería que sustituyese a Larita porque le costaba más barato, como muchos otros. Sin embargo, le hubiera gustado ayudarle. Finalmente resolvió mantener lo dicho.

—¿Y cuánto gano? —preguntó Manuel, jugando con la idea de decir que no, aunque la consideraba imposible.

—Doscientas cincuenta pesetas —respondió Retana. Había pensado decir quinientas, pero al abrir la boca se redujo a la mitad.

—A Villalta le paga siete mil…

—Tú no eres Villalta.

—Ya lo sé.

—Él lleva gente, Manolo —expresó Retana sin más explicación.

—Claro —asintió Manuel poniéndose de pie—. ¿Por qué no me da trescientas, Retana?

—Bueno —convino el empresario mientras sacaba un documento del cajón.

—¿No puede adelantarme cincuenta?

—¿Cómo no? —Retana extrajo de la cartera un billete de cincuenta pesetas y lo extendió sobre el escritorio.

Manuel se lo guardó en el bolsillo.

—¿Y qué tal la cuadrilla? —preguntó.

—Buena. Son los que actúan siempre en mis espectáculos nocturnos.

—¿Y los picadores?

—No son gran cosa —admitió Retana.

—Necesito un buen picador.

—Entonces consíguelo tú. Ve a buscarlo.

—Con esto no me alcanza. Una cuadrilla no cuesta menos de sesenta duros.

Retana no dijo nada y lo miró desde su asiento.

—¿No sabe que necesito un buen picador?

Retana siguió guardando silencio sin quitarle la vista de encima.

—No es justo —insistió Manuel.

El otro lo observó durante largo rato.

—Están los picadores de siempre —dijo.

—Ya sé. Conozco bien a sus picadores "de siempre".

El empresario no sonrió. Manuel pensó que todo había terminado.

—Lo único que pido es una oportunidad igual a las que ofrece a los demás —manifestó razonablemente—. No quiero salir a la arena en inferioridad de condiciones. Hace falta un buen picador.

Pero le dirigía la palabra a un hombre que ya no escuchaba.

—Si quieres algo extra —expresó Retana—, consíguelo tú. Por ahora puedes contar con la cuadrilla de todas las reuniones. Lleva los picadores que se te antoje. La charlotada termina a las diez y media.

—Muy bien —concluyó Manuel—, si esa es su última palabra.

—Claro que lo es.

—Nos veremos mañana por la noche.

—Sí, estaré allí.

Manuel recogió la maleta y salió.

—No dejes la puerta abierta —gritó Retana.

Manuel volvió la cabeza y lo vio leyendo varios documentos. Cerró la puerta hasta oír el ruido del picaporte.

Bajó por la escalera y salió a la calle. Afuera hacía mucho calor y la luz irritaba la vista al reflejarse en las casas blancas. Fue caminando por la vereda de la sombra hacia la Puerta del Sol. La sombra era fresca como agua de lluvia. El calor aparecía repentinamente al cruzar las calles transversales. No encontró a ningún conocido en el camino.

Antes de llegar a la Puerta del Sol entró en un café.

Reinaba gran tranquilidad. Había varios hombres sentados en las mesas. En una, cuatro personas jugaban a los naipes. Casi todos los parroquianos fumaban apoyados en la pared, frente a tazas de café y copas de licor vacías. Manuel pasó al pequeño salón del fondo y tomó asiento en una de las mesas. Un hombre dormía en un rincón.

El camarero se detuvo junto al recién llegado.

—¿No vino Zurito? —le preguntó Manuel.

—Estuvo aquí antes de almorzar. No volverá hasta después de las cinco.

—Deme un poco de café con leche y una copa de algo.

El camarero regresó trayendo la bandeja con un vaso para café y una copa para licor. En la mano izquierda tenía una botella de coñac. Lo puso todo sobre la mesa y un muchacho que lo seguía sirvió el café y la leche con la cafetera y la lechera de asas largas.

Cuando Manuel se quitó la gorra, el camarero vio la coleta prendida delante y mientras servía el coñac en la copita hizo un guiño al muchacho que observaba con curiosidad el pálido rostro del torero.

—¿Va a trabajar aquí? —preguntó el mozo destapando la botella.

—Sí —respondió Manuel—. Mañana.

El camarero se quedó al lado de la mesa con la botella apoyada en la cintura.

—¿En la charlotada?

Desconcertado, el ayudante desvió la mirada.

—No, en la común.

—Creía que iban a actuar Chaves y Hernández.

—No. Somos yo y otro.

—¿Quién? ¿Chaves o Hernández?

—Hernández, me parece.

—¿Qué le pasa a Chaves?

—Se lastimó.

—¿Quién se lo dijo?

—Retana.

—¡Eh! ¡Looie! —gritó el camarero hacia el otro salón—. Chaves tuvo una cogida.

Manuel desenvolvió los terrones de azúcar, los echó en el café y revolvió con la cucharita. La infusión caliente y dulce reconfortó su estómago vacío. Luego tomó el coñac de un trago.

—Sírvame otra copa —ordenó.

El camarero destapó la botella y llenó el vaso y una taza. Otro camarero se acercó a la mesa. El muchacho ya se había ido.

—¿Y Chaves está mal? —le preguntó a Manuel el segundo camarero.

—No sé. Retana no me dijo nada más.

—¡También! ¡Tiene tantos para cuidar! —intervino el camarero alto.

Como Manuel no lo había visto antes, pensó que debía haber acabado de llegar.

—Aquí, el que trabaja con Retana triunfa, tarde o temprano —continuó—. Y el que no está con él es mejor que se pegue un tiro.

—Eso es —afirmó el segundo camarero—. Tú lo has dicho.

—Ya lo creo. Si hablo de ese tipo es porque lo conozco bien.

—Fíjense en lo que hizo por Villana —dijo el primero.

—Y eso no es nada —prosiguió el alto—. Recuerden lo que hizo por Marcial Lalanda y por Nacional.

—Tienes razón, muchacho —convino el bajo.

Manuel los miró mientras conversaban y acabó de tomar la segunda copa de coñac. Los otros se olvidaron por completo de su presencia.

—Miren ese montón de camellos —prosiguió el alto—. ¿Vieron alguna vez a ese tal Nacional II?

—¿No es el que vi el domingo pasado? —pensó en voz alta el primer camarero.

—Es una jirafa —opinó el bajo.

—¿Qué les dije? —preguntó el alto—. A esos los protege Retana.

—¡Eh! Sírvame otra copa de eso —pidió Manuel, después de haberse servido y tomado el vaso de coñac que el camarero había puesto en la taza.

Entonces llenó la copa mecánicamente y los tres salieron charlando del salón. El hombre del rincón todavía estaba dormido, con la cabeza apoyada en la pared, lanzando ligeros ronquidos al respirar.

Manuel también sintió sueño después de beber el coñac. Hacía demasiado calor para salir a recorrer la ciudad. Además, no tenía nada que hacer. Resolvió dormir mientras esperaba a Zurito. Tocó la maleta con los pies para asegurarse de que estaba bajo la mesa y, como pensara en un sitio más conveniente, se agachó y la puso contra la pared. Después se apoyó en la mesa y se durmió.

Cuando se despertó, hacía rato que estaba sentado en el otro extremo de la mesa un hombre corpulento, de cara morena y triste como la de un indio. Al llegar hizo salir al camarero con un ademán y se sentó a leer el periódico, mirando de vez en cuando a Manuel, que dormía apoyado en la mesa. Leía el periódico con mucha dificultad, componiendo las palabras con los labios. Por último se cansó y miró hacia Manuel. Su sombrero cordobés estaba inclinado hacia adelante.

Manuel lo vio al incorporarse.

—¡Hola, Zurito!

—¡Hola, muchacho! —contestó el hombre corpulento.

—Me dormí—. Manuel se frotó la frente con el revés del puño.

—Así parece, ¿no?

—¿Cómo andan las cosas?

—Bien. ¿Y a ti cómo te va?

—Regular.

Los dos guardaron silencio. Zurito, el picador, miró el pálido rostro de Manuel, que por su parte observó las enormes manos del otro mientras doblaban el diario y lo ponían en el bolsillo.

—Tengo que pedirte un favor, Manos.

Manosduras le llamaban a Zurito. Cada vez que oía ese apodo pensaba en sus manos colosales. Las apoyó en la mesa con afectación.

—¿Vamos a tomar algo?

—Bueno —convino Manuel.

El camarero se acercó a la mesa, salió y volvió de nuevo. Por último se fue del salón mirando a los dos parroquianos.

—¿De qué se trata, Manolo? —Zurito dejó su vaso después de beber.

—¿Podrías picar dos toros para mí mañana por la noche?

—No —respondió Zurito—. No pico más.

Manuel bajó la mirada hacia su copa. Al fin y al cabo, había obtenido la respuesta que esperaba.

—Perdóname, Manolo, pero no me dedico más a eso —Zurito se miró las manos.

—Perfectamente.

—Soy demasiado viejo.

—Quería saberlo, nada más —dijo Manuel.

—¿Es para las corridas nocturnas de mañana?

—Ajá. Pensé que con un buen picador podría lucirme.

—¿Y cuánto te pagan?

—Trescientas pesetas.

—Como picador gano mucho más.

—Ya lo sé. Hice mal en pedirte tal cosa.

—¿Por qué no abandonas? —preguntó Zurito—. ¿Por qué no te cortas la coleta, Manolo?

—No sé.

—Eres casi tan viejo como yo.

—No sé, no sé —expresó Manuel—. Tengo que seguir. Lo único que quiero son oportunidades justas. No puedo abandonar, Manos.

—Sí puedes.

—No, no puedo. He tratado de alejarme, pero no puedo.

—Sé lo que te ocurre, pero no es justo. Deberías alejarte de esas actividades.

—No puedo, ya te lo dije. Además, en los últimos tiempos me iba bien.

Zurito miró la cara de su amigo.

—Estuviste en el hospital.

—Pero cuando me lastimé empezaba a gustarle al público.

Zurito no dijo nada. Vació la taza de coñac en su copa.

—Los periódicos dijeron que fue una faena insuperable —manifestó el torero.

Zurito lo miró.

—¿Acaso no me desempeño bien cuando trabajo con frecuencia?

—Eres demasiado viejo— le advirtió el picador.

—No. Me llevas diez años, no te olvides.

—Conmigo es distinto.

—Todavía no soy demasiado viejo.

Se quedaron callados; Manuel observaba el rostro del picador.

—Ya tenía fama cuando me ocurrió el accidente —pensó en voz alta, y después, con tono de reproche—: Tenías que haberme visto, Manos.

—No quiero verte —dijo Zurito—. Me pongo nervioso.

—Pero en los últimos tiempos no fuiste a verme.

—Presencié muchas de tus corridas.

Dirigió la mirada hacia Manuel, que la evitaba.

—Sería mejor que abandonases, Manolo.

—No puedo. Ahora me va bien, te lo aseguro.

Zurito se inclinó con las manos sobre la mesa.

—Escucha. Picaré para ti, pero si no te luces mañana por la noche, abandonarás. ¿Qué te parece? ¿Lo harás?

—Claro.

Aliviado, Zurito volvió a su posición anterior.

—Tienes que abandonar —dijo—. Basta de tonterías. Tienes que cortarte la coleta.

—No me veré obligado a retirarme —expresó Manuel—. Mírame bien. Tengo experiencia.

Zurito se puso de pie. Estaba cansado de discutir.

—Tienes que retirarte. Yo mismo te cortaré la coleta.

—No, veras como no. No me llegará la ocasión.

Zurito llamó al camarero.

—Ven —le dijo—. Vamos a la pensión.

Manuel buscó la maleta bajo la silla. Estaba contento. Podía contar con Zurito, el mejor de los picadores. Con eso, todo sería fácil.

—Vamos a la pensión. Comeremos algo —concluyó Zurito.

En el patio de caballos, Manuel esperaba que terminaran los de la charlotada. Zurito estaba a su lado, en la oscuridad, frente a la alta puerta cerrada que conducía a la plaza. Oyeron un griterío arriba y después risas. Por último, todo quedó en silencio. A Manuel le gustaba el olor de los establos que daban al patio. Llegó otro rugido de la arena y luego aplausos, prolongados y cada vez más fuertes.

—¿No viste nunca a esos tipos? —preguntó Zurito, que parecía enorme junto a Manuel.

—No —contestó el torero.

—Son muy divertidos —dijo el picador con una sonrisa.

Cuando se abrió la enorme puerta doble, Manuel vio la pisita, iluminada por las lámparas de arco, y el alto anfiteatro sumido en la oscuridad. Al borde de la plaza, dos hombres vestidos como vagabundos corrían y saludaban al público, seguidos por otro con uniforme de camarero de hotel que se agachaba para recoger los sombreros y bastones arrojados a la arena y los devolvía a la oscuridad.

En el patio se encendió la luz eléctrica.

—Voy a montar uno de esos caballos mientras tú reúnes a los muchachos —expresó Zurito.

En aquel momento oyeron los cascabeles de las mulas que pasaron rumbo a la arena, donde las atarían al toro muerto para arrastrarlo.

Los componentes de la cuadrilla, que habían presenciado la parodia desde el pasillo que separaba la barrera de los asientos, regresaron despacio y se quedaron charlando bajo uno de los focos del patio. Un tipo buen mozo se acercó a Manuel y sonrió. Vestía un traje anaranjado con adornos de plata.

—Yo soy Hernández —dijo alargándole la mano.

Manuel se la estrechó.

—Esta noche tenemos verdaderos elefantes —manifestó alegremente el muchacho.

—Ya lo creo. Son de los grandes. ¡Y qué cuernos! —convino Manuel.

—Le tocó la peor parte.

—No importa —dijo el torero—. Cuanto más grandes, más carne para los pobres.

—¿Dónde aprendió eso? —preguntó Hernández con una sonrisa.

—Lo sé desde hace mucho tiempo. ¿Por qué no preparas la cuadrilla? Así veo con qué puedo contar.

—Hay varios tipos buenos —explicó Hernández, que se sentía muy alegre. Era su tercera temporada nocturna y parecía que iba a hacer carrera en Madrid. Estaba contento porque solo faltaban unos minutos para que empezara la corrida.

—¿Y los picadores? —preguntó Manuel.

—Están en los corrales, disputándose los mejores caballos —Hernández volvió a sonreír.

Las mulas pasaron de vuelta, a todo galope, entre chasquidos de látigo y ruido de cencerros. El novillo dejó un surco en la arena.

En cuanto hubo terminado esa tarea formaron para el paseo

Manuel y Hernández iban delante, seguidos por los mozalbetes de las cuadrillas con sus pesadas capas plegadas contra el cuerpo. Por último, los cuatro picadores con sus respectivas cabalgaduras, llevando las picas de punta de acero enhiestas en la penumbra del corral.

—¿Por qué será que Retana nos da tan poca luz para ver los caballos? —dijo uno de los picadores.

—Sabe que no nos animaríamos a montar si los viésemos bien —respondió otro.

—El mío apenas tiene fuerza para sostenerse —dijo el primero.

—Al fin y al cabo son caballos.

—Claro, son caballos.

Continuaron charlando, montados en sus flacos pingos.

Zurito no dijo nada. Tenía el único caballo fuerte del lote. Cuando lo probó en los corrales respondió al bocado del freno y a las espuelas. Sacó el vendaje de su ojo derecho y cortó las cintas que ataban las orejas en la base. Era un buen caballo. Sólido, macizo, era todo lo que necesitaba. Pensó montarlo durante toda la corrida. Ya estaba sentado en la grande y acolchada silla, esperando el paseo y con la sola idea de la corrida en su mente. Los otros picadores seguían conversando a su alrededor, pero no los escuchaba.

Los dos matadores estaban juntos, delante de sus tres peones con las capas dobladas de idéntica manera en el brazo izquierdo. Manuel pensó en ellos. Eran madrileños, como Hernández, y tenían más o menos diecinueve años. Sobre todo le gustaba el aspecto de uno, gitano, serio, solitario y de cara morena. Se dio vuelta y le preguntó.

—¿Cómo te llamas, chico?

—Fuentes —contestó el gitano.

—¡Qué lindo nombre!

El otro sonrió mostrando sus dientes.

—Cuando salga el toro, hazlo correr un poco —le indicó Manuel.

—Bueno —dijo el gitano. Se puso serio, pues empezaba a pensar en lo que haría.

—Listo —Manuel se dirigió a Hernández.

—Muy bien. Vamos.

Salieron con la cabeza erguida, y moviéndose al compás de la música. Cruzaron la arena bajo las lámparas de arco, seguidos por la cuadrilla y los picadores, y por último los mozos de plaza y las mulas con campanillas. La muchedumbre aplaudió a Hernández mientras recorrían la pista. Marchaban con arrogancia, mirando al frente. Hicieron la reverencia delante del presidente y la cuadrilla se dividió en sus partes componentes. Los toreros fueron a la barrera y cambiaron sus pesados capotes por las livianas capas de brega. Las mulillas se fueron. Los picadores galoparon alrededor de la pista y dos de ellos se fueron por donde habían entrado. Los empleados del servicio pasaron los rastrillos por la arena hasta dejarla lisa.

Manuel tomó el vaso de agua servido por uno de los agentes de Retana que hacía de ayudante. Hernández se acercó después de hablar con el suyo.

—¡Qué buena acogida tienes, chico! —le felicitó Manuel.

—La gente me quiere —dijo Hernández con alegría.

—¿Qué tal el paseo? —Manuel se dirigió al agente de Retana.

—Como un casamiento —respondió el que le tenía la espada—. Hermoso. Usted parecía Joselito o Belmonte.

Zurito pasó al galope, como una enorme estatua ecuestre. Se detuvo frente al toril, en el extremo opuesto de la plaza. Sentía una rara impresión, a causa de la luz artificial. Estaba acostumbrado a picar bajo el fuerte sol de las tardes y por mucho dinero. No le gustaba este asunto de las lámparas de arco y quería que empezara de una vez.

Manuel se acercó a él.

—Pícalo, Manos. Prepáramelo en bandeja.

—Lo picaré, chico. —Zurito escupió en la arena—. Lo haré saltar de la plaza.

—Apóyate en el toro, Manos.

—Sí —dijo Zurito—. ¿Por qué no sale?

—Ya viene.

Zurito esperó allí, con los pies en los estribos cerrados, sus largas piernas en la armadura de piel de ante que apretaba los flancos del animal, las riendas en la mano izquierda y la garrocha en la derecha. Observaba la puerta del toril. Se había calado el sombrero casi hasta los ojos para que la luz no lo molestara. Las orejas del caballo se estremecieron. Zurito lo acarició con la mano izquierda.

La puerta roja del toril se abrió de golpe. Por un instante, Zurito vio el pasillo vacío, hasta que por último apareció el toro impetuosamente, resbalando sobre sus cuatro patas al salir a la luz. Después arrancó al galope, en silencio, excepto cuando bufaba, contento por haber abandonado el oscuro corral.

El cronista suplente del Heraldo estaba en la primera fila, un poco aburrido. Se agachó y escribió de prisa, apoyándose en la pared de cemento a la altura de sus rodillas: "Campañero, Negro, 42, salió a 9 kilómetros por hora, con combustible de sobra…"

Al ver al toro desde la barrera, Manuel hizo una seña con la mano y el gitano salió corriendo con la capa a rastras. El toro se volvió a todo galope, corriendo con la cabeza gacha y la cola levantada. Como el muchacho corría en zigzag, el toro lo vio pasar y abandonó la capa para perseguir al hombre. El gitano alcanzó a saltar la valla roja de la barrera antes que la bestia chocara estrepitosamente. Enceguecida, la sacudió dos veces con sus potentes cuernos.

El crítico del Heraldo encendió un cigarrillo y, después de echarle al toro el fósforo, escribió en su libreta: "…grande y con unos cuernos capaces de satisfacer al espectador más exigente, Campañero demostró tener preferencia por los toreros".

Manuel dio unos pasos por la arena endurecida mientras el toro embestía la valla. Miró de reojo a Zurito, montado en su caballo blanco cerca de la barrera, un poco hacia la izquierda. Extendió la capa formando un pliegue en cada mano y le gritó al toro:

—¡Huh! ¡Huh!

El animal parecía vigorizado después de atacar la valla. Se volvió y embistió la capa. Manuel se apartó, giró al mismo tiempo sobre sus tacones y sostuvo la capa justo delante de los cuernos. Al detenerse se encontró de nuevo frente al toro, con la capa en la misma posición, y esquivó de idéntico modo la embestida. A cada suerte los espectadores gritaban.

Repitió cuatro veces el mismo movimiento, dándose vuelta para que la bestia cargase de nuevo. Después, al término del quinto quite, se puso la capa junto a la cadera y dio una vuelta, haciendo que aquélla girase como la falda de una bailarina de ballet. El toro lo rodeó como un cinturón hasta que quedó frente a Zurito y su caballo blanco firmemente plantado, con las orejas hacia adelante y el hocico tembloroso. Zurito se gachó un poco con la larga pica formando un ángulo agudo bajo su brazo derecho. La punta triangular de hierro estaba frente al toro.

El crítico suplente del Heraldo, que fumaba con los ojos clavados en la bestia, escribió: "El veterano Manolo efectuó una serie de aceptables verónicas y terminó con un recorte tipo Belmonte que obtuvo muchos aplausos de los concurrentes habituales. Después pasamos al tercio de picas".

Zurito midió la distancia que separaba al toro del extremo de la pica. En aquel momento, la bestia cargó hacia el pecho del caballo. Cuando bajó la cabeza para dar la cornada, Zurito hundió la punta de la pica en la protuberancia muscular que se extendía encima de las paletas e hizo presión con todo su peso. Tiró de las riendas con la mano izquierda. El caballo levantó las patas delanteras y piafó. Le obligó a volverse hacia la derecha y empujó al toro hasta que los cuernos pasaron bajo el vientre del caballo sin tocarlo. Entonces aflojó las riendas. El caballo temblaba. La cola del toro le golpeaba el pecho mientras se preparaba para embestir la capa de Hernández.

Hernández corrió a su lado, llevándose al toro hasta que lo dejó frente al otro picador después de dar media vuelta. Luego retrocedió. El toro embistió apenas vio al caballo. La pica estaba sobre el lomo. Cuando se produjo el choque el picador ya se había deslizado de la silla y levantó la pierna derecha mientras erraba el golpe. Cayó hacia el lado izquierdo de modo que el caballo quedó entre el toro y él. Herido por los cuernos, el potro se desplomó con violencia. Antes de que aquello ocurriera, el jinete tomó impulso con las botas en el lomo y saltó, poniéndose de pie después de arrastrarse un trecho.

Manuel dejó que el toro siguiese atacando al caballo caído. No estaba apurado, ya que el picador se había salvado; además, picadores como aquel merecían un buen susto. Otra vez esperaría más tiempo. ¡Picadores de porquería! Miró a Zurito, que esperaba un poco alejado de la barrera.

—¡Huh! —le gritó al toro—. ¡Toma!

Levantó la capa con las dos manos para que la distinguiese. El toro se apartó del caballo y la embistió. Manuel corrió con la capa extendida, se detuvo de golpe, giró sobre sus talones y dejó al toro otra vez frente a Zurito.

"Campañero recibió un par de varas por la muerte de un rocinante, con Hernández y Manolo en los quites" —escribía el crítico del Heraldo—. "Embistió la pica, demostrando ser poco amigo de los caballos. El veterano Zurito desenterró algunas de sus viejas mañas, en una suerte notable…"

—¡Olé! ¡Olé! —gritó el hombre que ocupaba el asiento contiguo.

Su grito se perdió en el rugido de la multitud. Al mismo tiempo le dio una fuerte palmada al crítico, que en ese momento miraba a Zurito. Justo debajo de aquella localidad, el picador se inclinó sobre su caballo, con la pica formando un ángulo bajo su axila. La llevaba agarrada casi por la punta. La hundió con toda su fuerza, impidiendo que el toro alcanzase al caballo, como era su deseo, mientras la hacía girar contra la bestia hasta que quedó libre. Zurito calculó cuándo iba a pasar el toro y aflojó el cerco de acero de su resistencia. La punta triangular de la pica desgarró finalmente la protuberancia muscular. Cuando pudo soltarse, el toro se encontró con la capa de Hernández frente al hocico. La embistió con violencia, enceguecido, y el muchacho lo llevó al centro de la arena.

Zurito se quedó acariciando al caballo y observando cómo cargaba el toro ante la capa que le extendía Hernádez bajo los grandes focos, mientras la muchedumbre gritaba.

—¿Viste ese quite? —le preguntó a Manuel.

—Fue una maravilla —respondió el torero.

—Míralo ahora.

Al terminar un ajustado pase de la capa, el toro cayó de rodillas, pero se incorporó en seguida. A pesar de que estaban lejos, Manuel y Zurito divisaron el chorro de sangre que se destacaba contra el fondo negro de la paleta.

—Se la di, ¿viste? —repitió Zurito.

—Es un toro bravo.

—Si me conceden otra oportunidad, lo mato —afirmó el picador.

—Nos cambiarán los tercios.

—Míralo, míralo…

—Tengo que ir allá —Manuel corrió hacia el otro lado de la arena.

Los monosabios conducían a un caballo por la brida. Lo acercaban al toro golpeándole las patas con sus varas, trataban de aproximarlo a la bestia, que esperaba con la cabeza gacha, piafando, sin resolverse a atacar.

Zurito cabalgó hasta aquel lugar. No perdió ningún detalle y frunció el ceño. Finalmente, cuando el toro cargó, los hombres huyeron a la barrera y el picador clavó la vara demasiado atrás, permitiendo que la bestia diera su cornada en el vientre del caballo y lo apretara contra la valla. El jinete cayó.

Zurito observó la escena. Los monosabios de camisas rojas corrieron a sacar al picador de su situación angustiosa. Ya estaba de pie, renegando en voz alta y sacudiéndose los brazos. Manuel y Hernández tenían las capas preparadas. Y el toro, el toro negro y enorme, con un caballo en sus lomos, agitando los cascos, con las riendas enredadas en los cuernos, vaciló sobre sus cortas patas, encorvó el cuello y cargó para deshacerse del caballo, que por último se deslizó sin vida. Entonces embistió a fondo la capa que le extendía Manuel.

El torero se dio cuenta de que la bestia se había agachado. La herida parecía mortal y la sangre le cubría todo el flanco.

Manuel extendió otra vez la capa y el toro se acercó de nuevo, con los ojos abiertos, mirando el trapo. El matador se hizo a un lado y alzó los brazos, estirándolo delante del animal para efectuar la verónica.

Se enfrentó con la bestia. En efecto, la cabeza estaba un poco gacha, por obra y gracia de Zurito.

Manuel agitó la capa. "Ya viene." Dio un paso lateral e hizo otra verónica. "Apunta cada vez con más exactitud." —pensó—. "Está cansado de pelear. Ahora quiere cazar. Se ha fijado en mí, pero siempre topa con la capa."

La movió de nuevo y dio otro paso lateral. Esa vez fue muy cerca, demasiado cerca. "No me gusta nada. Sería mejor alejarse un poco."

El borde de la capa se impregnó de sangre al deslizarse por el lomo del toro.

"Muy bien, ésta es la última."

Manuel extendió la capa con las dos manos. El toro lo miró, con los cuernos preparados, esperando.

—¡Huh! —dijo Manuel—. ¡Toro! —y agitó la capa.

"Ya viene." Dio un paso lateral, levantando la capa, y giró sobre sus talones, de modo que el toro describió un círculo y quedó fijo en el pase, dominado por la capa. Manuel la sacudió con una mano bajo el hocico, para demostrar que el toro estaba fijo, y se alejó.

No se oyó ningún aplauso.

Manuel fue a la barrera y Zurito salió cabalgando de la pista. Mientras él estaba con el toro había sonado la trompeta indicando la suerte de banderillas. El torero no lo advirtió conscientemente. Los monosabios extendieron lonas sobre los dos caballos muertos y echaron serrín a su alrededor.

Manuel se acercó a la barrera para tomar un poco de agua y el agente de Retana le entregó la pesada jarra.

Fuentes, el gitano alto, tenía un par de banderillas rojas y puntiagudas como un anzuelo. Miró a Manuel cuando éste llegó.

—Puedes ir —indicó el torero.

El gitano salió corriendo. Manuel terminó de beber y observó la escena, secándose el rostro con el pañuelo.

El crítico del Heraldo cogió la botella de vino caliente que tenía entre los pies, tomó un trago y terminó su párrafo:

"…el veterano Manolo no recogió ningún aplauso por una vulgar serie de lances con la capa, y después pasamos a las banderillas."

El toro permanecía solo en el centro de la arena, como clavado. Fuentes se acercó con arrogancia. En los brazos abiertos llevaba los dos pares rojos, uno en cada mano, entre los dedos, con las puntas hacia adelante. Detrás, a su lado, iba un peón con la capa. Al verlo, el toro recobró su movilidad.

Sus ojos se fijaron en Fuentes, que lo llamó echándose hacia atrás y agitando las dos banderillas. La luz que se reflejaba en las puntas de acero llegó a los ojos del toro, que cargó con la cola erguida.

Fuentes se quedó quieto, apuntando con las banderillas. Cuando el animal agachó la cabeza para dar la cornada, el gitano retrocedió un paso, levantó los brazos con las manos unidas y se inclinó hacia adelante. Las banderillas formaron dos líneas rojas descendentes y se hundieron en la paleta del toro. Después se arqueó sobre los cuernos y giró apoyándose en los dos palos, con las piernas bien juntas, encorvando el cuerpo para dejar pasar al toro.

—¡Olé! —exclamó la multitud.

El toro lanzaba violentas cornadas y saltaba como una trucha, levantando las cuatro patas al mismo tiempo. El movimiento hacía agitar las flechas rojas de las banderillas.

Desde la barrera, Manuel observó que siempre miraba a la derecha.

—Dile que el próximo par lo clave a la derecha —ordenó al muchacho, que corrió adonde estaba Fuentes llevando las nuevas banderillas.

En aquel momento sintió una mano pesada en su hombro. Era Zurito.

—¿Cómo te encuentras, chico? —le preguntó.

Manuel estaba mirando al toro.

Zurito se apoyó con los brazos en la barrera y el torero se volvió.

—Hasta ahora vas bien —dijo el picador.

Manuel sacudió la cabeza. Debía esperar que terminara aquella parte del espectáculo. El gitano se lucía mucho con las banderillas. Iba a tener al toro en buen estado. Era un animal bravo. Hasta el momento todo había sido fácil, pero le preocupaba el momento final con la espada. En realidad no le preocupaba. Ni siquiera pensó en eso. Pero durante la espera experimentó una molesta aprensión. Mientras miraba al toro pensó cómo haría la faena, con la capa roja que tenía que reducir al animal, volviéndolo dócil.

El gitano se acercó de nuevo al toro caminando como un bailarín de salón. Al andar agitaba las flechas rojas de las banderillas. El animal lo observó con deseos de cazarlo, pero esperó. Quería tenerlo bien cerca para clavarle los cuernos con toda seguridad.

El toro embistió cuando Fuentes estaba a pocos pasos. El gitano atravesó corriendo una cuarta parte del círculo, seguido por la bestia. Al volver se detuvo, extendió los brazos, casi de puntillas, y hundió las banderillas en los enormes músculos de la paleta, mientras el toro erraba una vez más.

El entusiasmo de la muchedumbre llegó al colmo.

—Ese muchacho pronto tendrá que pasar a corridas de las tardes —dijo el agente de Retana dirigiéndose a Zurito.

—Es bueno —opinó el picador.

—Mírelo ahora.

Todos miraron.

Fuentes se detuvo con la espalda apoyada en la barrera, delante de dos de la cuadrilla que tenían las capas preparadas para distraer al toro desde el otro lado de la valla.

El animal, con la lengua fuera, miraba fijamente al gitano. Pensó que aquella vez lo cazaría contra las tablas rojas. Solo hacía falta una corta embestida. El toro seguía mirando.

Fuentes se echó atrás y le apuntó con las banderillas. Pateó el suelo para incitarlo, pero el toro sospechaba algo. Tenía interés en el hombre, pero no quería más púas en la paleta.

Fuentes se acercó más y volvió a llamarlo. Alguien gritó una advertencia desde las graderías.

—¡Maldición! Está demasiado cerca —dijo Zurito.

—Mírelo. Ya verá —dijo el hombre de Retana.

Después de agacharse y azuzar al toro con las banderillas, Fuentes dio un salto con ambas piernas juntas y el animal cargó con la cola levantada. El gitano estaba de puntillas, con los brazos extendidos y todo el cuerpo encorvado hacia adelante. Por último clavó las banderillas mientras esquivaba la embestida del cuerno derecho.

El toro chocó contra la barrera al ser atraído por las capas de los peones. Había perdido otra vez su presa.

El gitano corrió junto a la barrera donde se encontraba Manuel. Como su chaleco se había rasgado al esquivar la punta del cuerno, lo mostraba con satisfacción a los espectadores, que aplaudían en medio de gran entusiasmo. Dio una vuelta completa a la arena. Zurito sonrió al verlo pasar señalando el chaleco.

Otro banderillero clavó el último par, pero ya nadie prestó atención.

El agente de Retana arrolló el paño rojo en la muleta de los pases y se lo entregó a Manuel por encima de la barrera. Después sacó una espada de la caja de cuero y la puso en manos del torero sin desenvainarla. Manuel sacó la hoja por la empuñadura y dejó caer la vaina de cuero.

Cuando miró a Zurito, éste observó que su amigo sudaba.

—Ya lo tienes, chico —dijo el hombre corpulento.

Manuel asintió.

—Está en buen estado —continuó el picador.

—Justo lo que usted quería —le aseguró el agente de Retana.

Manuel hizo un gesto afirmativo.

Desde lo alto, casi junto el techo, la trompeta tocó para el acto final y Manuel atravesó la arena hacia donde debía estar el presidente, en los oscuros palcos. En la primera fila, el crítico substituto del Heraldo tomó un largo trago del vino caliente, después de resolver que no valía la pena redactar la crónica allí. Relataría la corrida cuando volviese a la redacción. ¿Qué diablos importaba? Era solo una corrida nocturna. Si se olvidaba de algo lo sacaría de los diarios de la mañana. Bebió otro poco de vino. A las doce tenía una cita en casa de Maxim. ¿Quiénes eran estos toreros, al fin y al cabo? Muchachones y holgazanes, nada más. Un hato de holgazanes. Guardó el bloc de papel en el bolsillo y miró a Manuel, que estaba muy solo en la arena gesticulando con su montera a modo de saludo hacia un palco que no podía ver por la oscuridad de la plaza. El toro permanecía quieto, sin mirar a ninguna parte.

—A usía, señor presidente, y al público de Madrid, el más inteligente y generoso del mundo, dedico este toro —decía Manuel. Era la fórmula de costumbre. La pronunció completa, aunque resultaba un poco larga para uso nocturno.

Hizo una reverencia en la oscuridad, se enderezó, tiró la montera por encima del hombro y se acercó al toro con la muleta en la mano izquierda y la espada en la derecha.

El animal lo miraba con ojos penetrantes, pero seguía inmóvil. Manuel vio las banderillas que colgaban de la paleta izquierda y la gran mancha de sangre provocada por la pica de Zurito. Al acercarse con la muleta en la mano izquierda y la espada en la derecha vigiló las patas del toro. No iba a cargar hasta que las uniese.

Continuó avanzando, sin novedad. Las patas permanecían inmóviles. Para matarlo era preciso que el toro agachase la cabeza, para eliminar el obstáculo de los cuernos. No pensó en la espada ni en la muerte del toro, pero se sentía agobiado por lo que iba a ocurrir. Al acercarse vigilando las patas, vio sucesivamente los ojos del toro, el hocico húmedo y los anchos cuernos que apuntaban hacia él. El animal tenía círculos claros alrededor de los ojos que miraban a Manuel como si ya estuviese en su poder aquella presa de rostro pálido.

Se detuvo y extendió la franela roja de la muleta pinchándola con la espada, que sostenía entonces en la mano izquierda y parecía de ese modo un botalón de bauprés. Se fijó en que una de las puntas de los cuernos se había hecho astillas contra la barrera y la otra era puntiaguda como una púa de puerco espín. Al extender la muleta observó que la base blanda del cuerno estaba manchada de sangre. Al mismo tiempo no perdió de vista las patas del toro, que lo miraba constantemente.

"Ahora está a la defensiva" —pensó el torero—. "Está preparándose y reserva energías. He de lograr que se mueva para que agache la cabeza. Siempre hay que tomar esa precaución. Zurito se la hizo agachar una vez, pero ahora está erguida de nuevo. Si consigo que se mueva, la sangre le hará bajar la cabeza."

Llamó al toro mientras sostenía la muleta con la espada.

La bestia lo miró.

Se inclinó en forma insultante y agitó la capa roja.

El toro vio la muleta, de color escarlata bajo las lámparas de arco, y enderezó las patas.

"Ya viene." ¡Whoosh! Manuel se puso de lado y levantó la muleta para que no rozara los cuernos. Después la deslizó por el ancho lomo desde la cabeza hasta la cola. El animal pasó de largo y Manuel ni se movió.

Al terminar el pase, el toro se volvió como un gato cuando dobla la esquina y se enfrentó con Manuel.

Estaba de nuevo a la ofensiva. Su pesadez había desaparecido. El torero observó la sangre fresca que salía de la paleta negra y se deslizaba por una de las patas. Tomó la espada con la mano derecha, separándola de la muleta. Se inclinó hacia la izquierda y lo llamó otra vez. El toro enderezó las patas. Su mirada estaba fija en la capa roja. "Aquí viene" —pensó Manuel. ¡Yuh!

Giró llevando la muleta delante del toro, con los pies firmes, mientras la espada seguía la curva como un punto luminoso bajo los focos.

El toro volvió a atacar después del pase natural y Manuel levantó la muleta para un pase de pecho. El animal pasó junto a su pecho, bajo la muleta. El torero echó la cabeza atrás para evitar las flechas de las banderillas. El cuerpo negro y caliente del toro tocó su pecho al pasar.

—"¡Diantre! Demasiado cerca" —pensó.

Sin perder tiempo, Zurito dijo algo al gitano, que salió corriendo con una capa hacia donde estaba Manuel. El picador bajó más el ala de su sombrero y siguió mirando la arena.

Manuel se encontraba de nuevo frente al toro, con la muleta baja y un poco a la izquierda. El animal agachó la cabeza al observar el paño rojo.

—Se volverían locos aplaudiendo si fuese Belmonte el que hiciera eso —dijo el agente de Retana.

Zurito no contestó. Seguía mirando a Manuel, en el centro de la arena.

—¿De dónde sacó a ese tipo el patrón? —preguntó el enviado de Retana.

—Del hospital —respondió el picador.

—Va a volver pronto a ese lugar; ¡maldición! —dijo el otro.

Zurito se volvió hacia él.

—Toque eso —dijo señalando la barrera.

—Hombre, solo fue una broma.

—Toque madera, le digo.

El agente de Retana se inclinó y golpeó tres veces la barrera.

—Observe la faena —indicó Zurito.

En el centro de la arena, bajo los focos, Manuel levantó la muleta con ambas manos y el toro atacó al verlo arrodillado.

Después del quite, cuando la bestia volvió a cargar, Manuel dió un semicírculo con la muleta hasta que el toro quedó de rodillas.

—¡Caramba! Ese es un gran torero —exclamó el hombre de Retana.

—No lo es —dijo Zurito.

Manuel se levantó y recibió el aplauso de los que estaban en la plaza. Tenía la muleta en la mano izquierda y la espada en la derecha.

El toro también se incorporó y permaneció esperando con la cabeza gacha.

Zurito indicó a otros dos muchachos de la cuadrilla que fuesen a ayudar a Manuel con sus capas. Ya había cuatro hombres detrás de él. Hernández lo había seguido desde que salió por primera vez con la muleta. Fuentes esperaba con la capa apretada contra el cuerpo, alto, en reposo; la pereza se reflejaba en sus ojos. Cuando llegaron los otros dos, Hernández los colocó uno a cada lado. Manuel estaba solo frente al toro.

Hizo una seña a los subalternos. Cuando retrocedió cautelosamente vieron que sudaba y tenía el rostro muy pálido.

¿Por qué no se quedaban más lejos? ¿No sabían que con sus capas echarían a perder todo el esfuerzo realizado para dominar al toro? Como si tuviera pocos motivos de preocupación, se agregaba ese otro.

El toro, inmóvil y con las patas abiertas, miraba la muleta. Manuel la plegó en su mano izquierda. El animal seguía mirándola. Tenía la cabeza gacha, pero no mucho.

Volvió a levantar la muleta. El toro no se movió. Solo en sus ojos se advertía que estaba alerta.

—Es puro plomo —pensó Manuel—. Está cuadrado y en condiciones. Este es el momento.

Pensó en términos de tauromaquia. A veces pensaba algo pero no lo reflejaba en palabras por la falta del término apropiado. Sus instintos y su conocimiento trabajaban en forma automática, mientras que su cerebro lo hacía con lentitud y con palabras. Conocía todos los detalles de las corridas. No le era preciso pensar. Sus ojos observaban las cosas y su cuerpo efectuaba los movimientos necesarios sin tener que pensar. De lo contrario lo echaría todo a perder.

Cuando se volvió a situar delante del toro advirtió muchas cosas al mismo tiempo: los cuernos, uno hecho pedazos y el otro puntiagudo, la necesidad de perfilarse hacia la izquierda, de lanzarse corto y derecho, de bajar la muleta para que la viera el animal y clavar la espada por encima de los cuernos, en un sitio tan grande como una moneda de cinco pesetas, detrás del cuello, entre las dos paletas. Debía hacer todo eso y apartarse de los cuernos. Estaba seguro, pero las palabras "Corto y derecho" reflejaban su único pensamiento.

"Corto y derecho" —pensó mientras doblaba la muleta. Corto y derecho. Separó la espada, se acercó al cuerno izquierdo, el de la punta hecha pedazos, y cruzó la muleta hacia abajo, de modo que la mano derecha con la espada a la altura de los ojos hizo la señal de la cruz, y, levantándose un poco sobre sus puntillas, apuntó a lo largo de la hoja inclinada hacia las paletas del toro.

Corto y derecho, se arrojó contra el animal.

Hubo un golpe y sintió que se elevaba por el aire. La espada se le escapó de la mano. Por último cayó al suelo con el toro casi al lado. Manuel, acostado en el suelo, empezó a dar patadas en el hocico del animal. La lucha duró un buen rato. El toro estaba tan excitado que le erraba, golpeándole con la cabeza y enterrando los cuernos en la arena. Manuel daba patadas como un hombre cuando trata de mantener una pelota en el aire, y así evitó que la bestia lanzara la cornada mortal.

Sintió en la espalda el viento provocado por las capas que alejaron al toro en otra embestida. Era tal su ímpetu que pasó por encima de su cuerpo caído sin tocarlo. Manuel se puso de pie y recogió la muleta. Fuentes le entregó la espada, que se había doblado al chocar con el omóplato. El torero la enderezó sobre la rodilla y corrió hacia el animal, que estaba junto a uno de los caballos muertos. Al correr, la chaqueta se agitó bajo una de las axilas, que había sido rasgada por los cuernos.

—Sácalo de allí —le gritó al gitano.

Al oler la sangre del caballo muerto, el toro había clavado los cuernos en la lona. Después atropelló la capa de Fuentes. La lona colgaba de su cuerno roto y eso provocó la risa del público. La bestia sacudía la cabeza para deshacerse de la lona. Hernández se acercó corriendo por atrás y la sacó limpiamente del cuerno agarrándola por una punta.

El toro la siguió en una media embestida y se detuvo en seco. Estaba de nuevo a la defensiva. Manuel agitó la muleta, pero comprendió que el animal no iba a reaccionar.

Apuntó de nuevo con la hoja de la espada. El toro estaba inmóvil, aparentemente muerto, incapaz de otra carga.

Se puso de puntillas, apuntó a lo largo del acero y atacó.

Hubo otro choque como el anterior y sintió la impetuosa embestida, cayendo violentamente en la arena. Esa vez no pudo dar patadas, ya que la bestia estaba encima de él. Manuel se quedó quieto, como muerto, con la cabeza entre los brazos, y el toro le golpeó en la espalda y en la cara. Sintió el cuerno que se enterraba en la arena entre sus brazos cruzados. Le alcanzó debajo de las costillas; la cabeza se enterró en el piso. El cuerno le desgarró una de las mangas. Un último golpe lo mandó lejos y el toro se dedicó a las capas que le ponían delante.

Manuel se levantó, recogiendo la espada y la muleta, probó la punta de la espada con el pulgar y corrió a la barrera en busca de otra.

El agente de Retana se la entregó por encima del borde de la barrera.

—Límpiese la cara —le dijo.

Mientras corría de nuevo hacia el toro, Manuel se limpió con el pañuelo la cara ensangrentada. ¿Dónde estaba Zurito? No lo había visto.

Los de lo cuadrilla se alejaron del toro y esperaron con las capas prontas. El animal se sentía pesado después de la última embestida.

Manuel se acercó con la muleta y la agitó al detenerse, pero el toro no respondió. La pasó de derecha a izquierda y de izquierda a derecha frente al hocico. Los ojos del animal siguieron la trayectoria de la muleta, pero nada más. No embistió. Esperaba Manuel.

El torero estaba preocupado porque no quedaba otra alternativa que atacar. Corto y derecho. Se puso a un lado, cruzó la muleta frente a su cuerpo y cargó, apartándose hacia la izquierda para esquivar el cuerno. La espada saltó centelleando bajo la luz artificial y volvió a caer en la arena.

Corrió a levantarla. Como estaba doblada, la enderezó sobre la rodilla.

Al regresar a donde estaba el toro, inmóvil, se encontró con Hernández, que esperaba con la capa preparada.

—Es puro hueso —dijo alentadoramente el muchacho.

Manuel hizo un gesto afirmativo y se secó el rostro. Después guardó el pañuelo ensangrentado en el bolsillo.

El toro estaba cerca de la barrera. "¡Maldito sea! Es posible que tenga puros huesos y no deje entrar la espada en ningún sitio. Al diablo con eso!" Ya les demostraría lo contrario.

Ensayó un pase con la muleta sin obtener respuesta del toro. La agitó de arriba para abajo frente al animal, pero no ocurrió nada.

Extendió la espada y se dirigió hacia el toro. Sintió que la hoja se doblaba mientras se apoyaba con todo su peso, hasta que al final salió por el aire y fue a parar a las graderías. Manuel evitó la cornada mediante un salto.

Los primeros almohadones que arrojaron desde la oscuridad no le alcanzaron. Después, uno le pegó en la cara llena de sangre, mientras estaba mirando hacia el público. Empezaron a caer con más frecuencia, cubriendo la arena. Alguien tiró una botella de vino vacía desde la primera fila y le golpeó el pie. Manuel se quedó mirando la oscuridad, desde donde lanzaban las cosas. Por último, algo atravesó silbando el aire y cayó a su lado. Se agachó para recogerlo. Era su espada. La enderezó en la rodilla y gesticuló con ella hacia la muchedumbre.

—Gracias —dijo—. Gracias.

"¡Oh! ¡Hijos de perra! ¡Roñosos! Hijos de perra! ¡Oh! ¡Asquerosos bastardos!" Al correr dió un puntapié a uno de los almohadones.

El toro estaba como antes. "Bueno. ¡Ya verás, bastardo de porquería!"

Pasó la muleta frente al negro hocico de la bestia.

No ocurrió nada.

"¿No quieres atacar? Está bien." Se acercó más aún y hundió la punta de la muleta en el hocico húmedo del animal.

El toro reaccionó entonces, cuando Manuel dió el salto, pero cuando tropezó con uno de los almohadones sintió la aguda cornada en el costado. Tomó el cuerno con las dos manos y retrocedió apretando la herida. El toro lo mandó lejos. Manuel se quedó quieto, fuera del peligro de otra embestida.

Se levantó tosiendo. Se sentía muy mal. "¡Hijos de perra!"

—¡La espada! —gritó—. ¡La muleta!

Fuentes le llevó la muleta y la espada.

Hernández lo rodeó con el brazo.

—Vaya a la enfermería, hombre —le dijo—. No cometa estupideces.

—Sal de aquí —contestó Manuel—. Sal de aquí. ¡Vete al diablo!

Hernández se encogió de hombros al verlo alejarse corriendo hacia el toro.

La bestia estaba firme en su sitio.

"¡Ya verás! ¡Roñoso!" Manuel apuntó con la espada haciendo el mismo movimiento y se arrojó sobre el toro. Sintió que el arma lo atravesaba y hundió cuatro dedos y el pulgar, que se llenaron de sangre. Estaba encima del animal.

Estuvo a punto de caer por las sacudidas, pero logró apartarse. Vio que el toro se desplomaba, quedando patas arriba.

Después gesticuló hacia el público, con la mano caliente por la sangre del toro.

"¿Habéis visto, hijos de perra?" Quiso decir algo, pero empezó a toser. Le pareció que su pecho ardía. Buscó la muleta, pues debía ir a saludar al presidente. "¡Que se vaya al diablo el presidente!" Estaba sentado mirando al animal. El toro, patas arriba y con la lengua fuera, fue sacudido por los últimos temblores de la agonía. Ya estaba muerto. "¡Al diablo con el toro! ¡Váyanse todos al diablo!" Al incorporarse empezó a toser. Se sentó de nuevo y alguien le ayudó a levantarse.

Lo llevaron corriendo por la arena y tuvieron que detenerse en la entrada hasta que pasaron las mulas. Después doblaron por el pasillo oscuro y llegaron a la enfermería. Los hombres gruñían al subir por la escalera.

El médico y dos hombres vestidos de blanco lo esperaban. Lo pusieron sobre una mesa y empezaron a cortarle la camisa. Manuel se sentía cansado. Todo su pecho parecía un fuego. Volvió a toser y entonces le colocaron algo en la boca. Todo eso en medio de la mayor prisa, de la agitación general.

Cerró los ojos, porque le molestaba la luz eléctrica.

Oyó que alguien subía pesadamente por la escalera. Después no oyó nada más. Solo un ruido lejano. Era el público. Alguien tendría que matar al toro, por supuesto. Terminaron de cortarle la camisa y el doctor sonrió. También estaba Retana.

—¡Hola, Retana! —dijo Manuel. No podía escuchar su voz.

Retana sonrió y dijo algo, pero Manuel no oía nada.

Zurito permanecía junto a la mesa, observando lo que hacía el médico. Estaba vestido de picador, sin el sombrero.

Zurito también le habló, pero Manuel no escuchaba.

Zurito habló con Retana. Uno de los hombres con uniforme blanco sonrió y entregó a Retana un par de tijeras. Retana se las dió a Zurito, que le dijo algo a Manuel. Este no podía oírlo.

"¡Al diablo con esta mesa de operaciones!" No era la primera vez que ocupaba una mesa de operaciones. No iba a morirse. Si así fuera, habrían llamado al cura.

Zurito le decía algo mientras sostenía las tijeras.

En efecto. Iban a cortarle la coleta. ¡Iban a cortarle la coleta!

Manuel se sentó en la mesa de operaciones y el médico retrocedió con enojo. Alguien lo tomó de los brazos para sujetarlo.

—¡No, Manos! No puedes hacer una cosa así —dijo el torero.

De repente oyó con claridad la voz de Zurito:

—Muy bien. No lo haré. Solo era una broma.

—Me iba bien. Lo que pasó es que no tuve nada de suerte. Eso…

Le colocaron algo sobre el rostro. Ya conocía todas esas cosas. Inhaló profundamente. Se sentía muy cansado. Muy, muy cansado. Le sacaron aquel objeto de la cara.

—Estaba desempeñándome bien —dijo débilmente—. Iba a triunfar.

Retana miró a Zurito y se alejó hacia la puerta.

—Me quedaré a hacerle compañía —dijo el picador.

Retana se encogió de hombros.

Manuel abrió los ojos y miró a Zurito.

—¿Acaso no me iba bien, Manos? —preguntó pidiendo confirmación.

—Claro —contestó su amigo—. Todo marchaba a las mil maravillas.

El ayudante del médico puso el cono sobre el rostro de Manuel, que inhaló profundamente. Zurito le miraba con torpeza.

EL LUCHADOR

Nick se levantó sin dificultad. Dirigió la mirada a lo largo de la vía, hasta las luces del vagón del conductor del tren de carga, que se perdía de vista en la curva. Había agua a ambos lados de los rieles, y después venían los alerces y los pantanos.

Se palpó la rodilla. Los pantalones estaban rotos y tenía las piernas y las manos llenas de rasguños, y arena y cenizas bajo las uñas. Llegó hasta el borde del terraplén y bajó por la corta pendiente hasta el agua para lavarse las manos. Se las lavó cuidadosamente con agua fría y se limpió las uñas. Después se agachó e hizo lo mismo con la rodilla.

¡Ese bruto y desgraciado guardafrenos! Pero lo conocía bien, y ya le daría su merecido. ¡Bonita forma de proceder!

—Ven aquí, muchacho —le había dicho—. Tengo algo para ti.

Por eso se cayó. ¡Bonita cosa de chicos había hecho el bruto! ¡Ah! Pero nunca más volvería a ocurrirle eso.

—¡Ven aquí, muchacho, quiero darte algo!

Y después: ¡bum!, Nick cayó a un lado de la vía.

Ahora estaba refregándose el ojo. Empezaba a salirle un chichón que ya le dolía. Tendría un ojo negro, muy bien, pero ya vería ese guardafrenos.

Se tocó el chichón. ¡Oh! Al fin y al cabo, el único rastro del golpe era un ojo negro. Le había salido barato. Lo que deseaba era encontrar otra vez al maldito. Aunque no iba a encontrarlo allí, en el agua. Era de noche y estaba muy alejado de todas partes. Se secó las manos en los pantalones y se incorporó. Después subió de nuevo por el terraplén.

Empezó a caminar por la vía. La arena y las piedras estaban bien prietas entre las traviesas y se podía andar con facilidad. El terraplén continuaba hacia los pantanos. Nick siguió caminando. Esperaba llegar a alguna parte.

Había subido al tren de carga cuando este aminoró la marcha en los tinglados de las afueras de Walton Junction. El tren, con Nick en él, pasó por Kalkaska al anochecer. Ahora debía de estar cerca de Mancelona, a unas tres o cuatro millas del terreno pantanoso. Caminaba por la vía con el espectro del pantano en la niebla naciente. Le dolía el ojo y tenía hambre. Continuó caminando y dejó tras de sí varias millas de rieles. A ambos lados de los carriles, la marisma parecía no acabar nunca.

Llegó a un puente y lo cruzó. Las botas producían un ruido hueco contra el hierro. Entre las aberturas de los pontones se veía el agua oscura que corría debajo. Dio un puntapié a un perno flojo, que cayó al agua. Más allá del puente había varias colinas. Ahora estaba más oscuro a los lados de la vía. Después de otro trecho, Nick divisó una hoguera.

Siguió andando con cautela hacia aquel lugar. La hoguera estaba cerca del terraplén, a un lado del mismo. Desde donde se encontraba solo veía el resplandor. Los rieles atravesaban un desmonte y el fuego estaba en un claro bastante amplio. Nick descendió lentamente por el terraplén y entró en el monte, dirigiéndose al fuego a través de los árboles. Era un bosque de hayas y al caminar aplastaba las nueces caídas.

El fuego brillaba más ahora, justo donde terminaban los árboles. Había un hombre sentado junto a la hoguera. Nick se detuvo detrás del árbol, observando la escena. Parecía que el hombre estaba solo. Tenía la cabeza apoyada en las manos y no apartaba la vista del fuego. Nick abandonó su sitio y se dirigió hacia él.

El hombre continuaba mirando la hoguera. No se movió ni cuando el muchacho se detuvo a su lado.

—¡Hola! —dijo este.

El hombre alzó la mirada.

—¿Y ese ojo negro? —le preguntó.

—Un guardafrenos me derribó.

—¿El del tren de carga?

—Sí.

—He visto al maldito —dijo el hombre—. Pasó por aquí hace más o menos una hora y media. Andaba por el techo de los vagones palmoteando y cantando.

—¡El hijo de perra!

—Debe de haberle gustado mucho lo que te hizo.

—Ya lo agarraré.

—Tírale una piedra otra vez que pase —le aconsejó el desconocido.

—Ya me las pagará.

—Eres fuerte, ¿verdad?

—No —contestó Nick.

—Todos los muchachos son fuertes a tu edad.

—Usted debe de haber sido fuerte, entonces.

—Claro.

El hombre miró a Nick y sonrió. A la luz de la hoguera, el muchacho observó que su rostro estaba desfigurado. Tenía la nariz hundida, los labios eran una masa deforme y los ojos simples hendiduras. Nick no lo vio todo de golpe. Solo advirtió que el hombre tenía la cara mutilada. Por el color parecía cal o cemento. Provocaba una impresión horrible a la luz de la hoguera.

—¿No te gusta mi cara? —preguntó su interlocutor.

Nick estaba desconcertado.

—¿Cómo no? —respondió.

—¡Mira esto! —el hombre se sacó la gorra.

Solo tenía una oreja, muy gruesa y aplastada por completo, y un muñón ocupaba el lugar que le correspondía a la otra.

—¿Viste algo parecido alguna vez?

—No —dijo Nick. Estaba un poco descompuesto.

—Pues yo he tenido que soportarlo. ¿No te parece que lo he soportado, muchacho?

—¡Ya lo creo!

—Todos se rompían las manos golpeándome —señaló el hombre—. No podían lastimarme.

Miró a Nick.

—Siéntate. ¿Quieres comer algo?

—No se moleste —manifestó el muchacho—. Voy a seguir andando hasta la ciudad.

—¡Escucha! —dijo el otro—. Llámame Ad.

—¡Estupendo!

—Oye. No estoy muy sano.

—¿Cómo? ¿Qué tiene?

—Estoy loco.

El hombre se puso la gorra. Nick se hubiera reído de buena gana.

—A mí me parece que está usted perfectamente sano.

—No, no lo estoy. Estoy loco. Oye, ¿te has vuelto loco alguna vez?

—No —respondió Nick—. ¿Y cómo le ocurrió eso?

—No sé —dijo Ad—, cuando se vuelve loco, uno no sabe nada. Pero tú debes conocerme, ¿verdad?

—No.

—Soy Ad Francis.

—¿Se atrevería a jurarlo por Dios?

—¿No lo crees?

—Sí.

Nick se dio cuenta de que debía ser cierto.

—¿Sabes cómo los vencía?

—No —dijo el muchacho.

—Mi corazón atrasa. Solo late cuarenta veces por minuto. ¿Quieres comprobarlo?

Nick vaciló.

—Vamos —el hombre le tomó la mano—. Apriétame la muñeca. Apoya los dedos aquí.

La muñeca del hombre era gruesa y los músculos presentaban una inflexión encima del hueso. Nick sintió el lento pulso bajo sus dedos.

—¿Tienes reloj?

—No.

—Yo tampoco —dijo Ad—. Si no tienes reloj no vale la pena.

Nick dejó caer la mano.

—Oye —dijo Ad Francis—. Aprieta de nuevo. Cuenta los latidos hasta que yo llegue a sesenta.

Nick empezó la cuenta, sintiendo por los dedos las lentas pulsaciones. Oyó que el hombre contaba, despacio: uno, dos, tres, cuatro, cinco, y etcétera… en voz alta.

—Sesenta —concluyó Ad—. Un minuto. ¿Hasta cuánto llegaste?

—A cuarenta.

—Perfecto —expresó aquel con alegría—. Nunca adelanta.

En aquel momento, otro hombre bajó del terraplén del ferrocarril y atravesó el claro rumbo a la hoguera.

—¡Hola, Bugs! —saludó Ad.

—¡Hola! —contestó el recién llegado.

Era la voz de un negro. Nick se dio cuenta de que era un negro por la manera de andar. Se agachó junto al fuego, dándoles la espalda. Al cabo de un instante, se enderezó.

—Este es mi compañero Bugs —dijo Ad—. También está loco.

—Mucho gusto —expresó Bugs—. ¿De dónde dijo que viene?

—De Chicago —respondió Nick.

—Hermosa ciudad —dijo el negro—. Pero todavía no sé cómo se llama usted.

—Adams. Nick Adams.

—Dice que nunca se ha vuelto loco, Bugs.

—Todavía es muy joven —manifestó el negro mientras desenvolvía un paquete junto al fuego.

—¿Cuándo vamos a comer? —preguntó el que había sido boxeador profesional.

—En seguida —contestó Bugs.

—¿Tienes hambre, Nick?

—Un hambre del demonio.

—¿Has oído, Bugs?

—Oigo todo lo que viene después, también.

—Eso no es lo que te pregunté.

—Sí. Oí lo que dijo el señor.

Estaba poniendo lonchas de jamón en una sartén. La grasa chisporroteaba al calentarse, y el negro de largas piernas, arrodillado junto al fuego, le dio la vuelta al jamón y rompió varios huevos en la vasija, inclinándola de un lado a otro para pringarlos de grasa caliente.

—¿Quiere cortar un poco de pan, señor Adams? Está dentro de esa bolsa —dijo Bugs, dándose vuelta.

—Con mucho gusto.

Nick alcanzó la bolsa, sacó una hogaza y cortó seis rebanadas. Después de observarlo, Ad se inclinó hacia él.

—¿A ver tu cuchillo, Nick? —requirió.

—No, no se lo dé —dijo el negro—. Guarde el cuchillo, señor Adams.

El boxeador volvió a sentarse como antes.

—¿Me da el pan, señor Adams? —preguntó Bugs, y Nick le entregó las rebanadas.

—¿Le gusta mojar su pan en la grasa del jamón? —preguntó el negro.

—¿Cómo no?

—Tal vez sea mejor esperar hasta más tarde. Al acabar la comida. Vamos a ver.

Bugs recogió una rebanada de jamón y la colocó sobre uno de los trozos de pan, luego colocó un huevo encima.

—¿Quiere completar ese sándwich, por favor, y dárselo al señor Francis?

Ad recibió el sándwich y empezó a comer.

—Vigile ese huevo —le advirtió el negro—. Este es para usted, señor Adams. El que queda es para mí.

Nick mordió el sándwich. Bugs estaba sentado frente a él, al lado de Ad. Estaban sabrosísimos el jamón frito y los huevos.

—El señor Adams tiene hambre de verdad —dijo el negro.

El individuo por cuyo nombre Nick sabía que era un excampeón de boxeo, permaneció en silencio. No había dicho nada desde que su compañero habló del cuchillo.

—¿Aceptaría una rebanada de pan mojada con la grasa caliente? —ofreció Bugs.

—Muchísimas gracias.

El hombre pequeño y blanco miró a Nick.

—¿Y usted también quiere, señor Adolfo Francis? —Bugs le acercó la sartén.

Ad no respondió. Estaba mirando a Nick.

—Le he hablado, señor Francis —volvió a decir Bugs con suavidad.

Ad siguió mirando a Nick. Tenía la gorra casi sobre los ojos. El muchacho se puso nervioso.

—¿Qué diablos te has creído? —dijo brusca y mordazmente, dirigiéndose a Nick.

Hizo una breve pausa, y prosiguió:

—¿Quién demonios crees que eres? Eres un mocoso hijo de perra. Viniste aquí sin que nadie te llamara y te has comido la ración de un hombre, y cuando este te pidió prestado el cuchillo te hiciste el interesante.

Al hablar miraba a Nick con persistencia. La cara del hombre era blanca, y sus ojos casi no se veían debajo de la gorra.

—¡Porquería! ¿Quién te dijo que te metieras aquí?

—Nadie.

—Claro que nadie, ¡maldición! Y nadie te ha dicho que te quedes, tampoco. Vienes y te muestras insolente con mi cara, fumas mis cigarros y te tomas mi licor, y todavía te haces el interesante. ¿Y sabes cómo diablos vas a irte?

Nick no dijo nada. Ad se puso de pie.

—Te lo diré, cobarde bastardo de Chicago. Vas a irte con la cara rota. ¿Comprendes?

Nick retrocedió. El hombre avanzó hacia él en forma lenta e inflexible, adelantando primero el pie izquierdo y arrastrando luego el derecho.

—Pégame —movió la cabeza al decir esto—. Pégame. Pruébalo.

—No quiero pegarle. ¿Por qué?

—No creas que vas a salvarte así. Recibirás una buena paliza, ¿sabes? Ven. Hazme frente.

—Cállese.

—¿Ajá? Pues mira, hijo de perra.

El hombre miró los pies de Nick, y entonces el negro, que lo había seguido desde que se apartó del fuego, se acercó más y lo golpeó en la base del cráneo. Ad cayó de bruces y Bugs soltó la cachiporra envuelta en un trapo. El exboxeador quedó tendido boca abajo en la hierba. Su compañero lo levantó y lo llevó de nuevo junto al fuego con la cabeza colgando. La cara tenía un aspecto feo. Bugs lo acostó con suavidad.

—¿Quiere traerme un balde con agua, señor Adams? —dijo—. Temo haberle pegado un poco fuerte.

El negro salpicó el rostro del hombre con la mano y le tiró de la oreja de un modo suave, hasta que los ojos se cerraron.

Bugs se puso de pie.

—Está muy bien. No hay que preocuparse por nada. Y perdóneme, señor Adams.

—No tiene importancia, hombre —Nick miró al caído. Después vio la cachiporra sobre la hierba y la recogió. Tenía un mango flexible y le pareció blanda. Era de cuero negro, y llevaba el extremo más grueso envuelto en un pañuelo.

—El mango es de ballena —explicó el negro, sonriendo—. Ya no los hacen así. Le pegué porque no sabía si usted podría defenderse solo y, de todos modos, no deseaba tampoco que usted lo lastimase o lo marcase más de lo que está.

El negro volvió a sonreír.

—Usted le hizo daño, sin embargo.

—Sí, pero en este caso es distinto, porque sé cómo hacerlo. Él no recordará nada de lo ocurrido. Tengo que darle un golpe cada vez que se comporta así.

Nick continuaba mirando al hombre que yacía junto a la hoguera con los ojos cerrados. Bugs puso más leña en el fuego.

—No se preocupe más por él, señor Adams. Estoy cansado de verlo así.

—¿Y por qué se volvió loco? —preguntó Nick.

—¡Oh! Por muchas cosas —respondió de repente el negro desde la lumbrada—. ¿No quiere tomar una taza de café, señor Adams?

Después de darle la taza a Nick, Bugs alisó la chaqueta que había colocado bajo la cabeza del hombre inconsciente.

—Entre otras cosas, recibió muchas palizas —el negro tragó un sorbo de café—. Pero esto lo volvió medio bobo, solamente. Además, su hermana era también su administradora y siempre aparecían en los diarios con crónicas sobre hermanos y hermanas, diciendo cómo lo quería ella y cómo la quería él. Después se casaron en Nueva York, y eso provocó muchas desavenencias.

—Ya recuerdo.

—Claro que de hermanos tenían lo mismo que un perro y un gato, pero, de cualquier modo, a mucha gente no le gustó nada esa boda, y entonces empezaron las discordias, hasta que un día ella se fue y no volvió nunca más.

El negro terminó de beber el café y se secó los labios con la rosada palma de la mano.

—Él se volvió loco. ¿Quiere un poco más de café, señor Adams?

—Gracias.

—A ella la vi un par de veces —prosiguió el negro—. Era una mujer muy buena moza, y se parecía bastante a él como para que los tomaran por mellizos. Ad no sería feo si no tuviera toda la cara magullada.

Se detuvo. Parecía que la historia había terminado.

—¿Y dónde lo conoció? —preguntó Nick.

—En la cárcel —contestó Bugs—. Después que ella lo abandonó, Ad empezó a pelearse y dar golpes por cualquier motivo, y entonces lo encarcelaron. Yo estaba allí por haber herido a un hombre.

El negro sonrió y continuó, en voz baja:

—Nos hicimos amigos en seguida, y cuando me soltaron fui a buscarlo. Le gusta creer que estoy loco, y a mí no me importa. Me gusta recorrer el país con él sin tener necesidad de robar. Me encanta vivir como un caballero.

—¿Y qué hacen ustedes?

—¡Oh! Nada. Simplemente andamos de un lado para otro. Él tiene dinero.

—Debe de haber ganado mucho.

—Sí, pero lo gastó todo, o mejor dicho, se lo sacaron todo. Ella le manda dinero.

Bugs atizó el fuego.

—Es una mujer hermosísima —agregó—. Se parece bastante a él como para ser su hermana gemela.

El negro miró al hombre pequeño, que estaba en el suelo respirando con lentitud. El pelo rubio le caía sobre la frente, y el rostro mutilado parecía infantil.

—Ya puedo despertarlo, señor Adams. Si no le parece mal, me gustaría que usted se fuera. Me gusta ser hospitalario, se lo aseguro, pero su presencia podría perturbarlo de nuevo. No me gusta tener que golpearlo, y es lo único que se puede hacer para calmarlo. Casi siempre lo mantengo alejado de la gente. Usted no se ofende por eso, ¿verdad, señor Adams? No, no me dé las gracias, señor Adams. No le avisé antes porque me pareció que usted le había resultado simpático a Ad. Creía que no iba a ocurrir nada anormal. Si sigue caminando por la vía, encontrará un pueblo más o menos a dos millas de aquí. Mancelona lo llaman. Adiós, señor Adams. De buena gana le diría que se quedase a pasar la noche con nosotros, pero no es posible ahora. ¿Quiere llevarse un poco de jamón y un pedazo de pan? ¿No? Tome un sándwich, mejor —todo dicho en voz baja y con la suavidad y la cortesía proverbiales de los negros.

—Bueno. Adiós, señor Adams. Adiós, ¡y buena suerte!

Nick se alejó de la hoguera rumbo a la vía del ferrocarril. Cuando estuvo fuera del alcance del fuego prestó atención. Oyó la voz baja del negro, pero no pudo entender las palabras. Después oyó que el otro hombre decía:

—Tengo un horrible dolor de cabeza, Bugs.

—Ya se le pasará, señor Francis —lo calmó el negro—. Tome esta taza de café caliente y ya verá cómo se le pasa, señor Francis.

Nick subió al terraplén y echó a andar. Cuando se dio cuenta de que tenía un sándwich de jamón en la mano, lo guardó en el bolsillo. Al llegar a la curva que hacía el terraplén antes de ascender por las colinas, Nick volvió la cabeza y pudo ver el resplandor en el llano.

EL MAR CAMBIA

—Está bien —dijo el hombre—. ¿Qué decidiste?

—No —dijo la muchacha—. No puedo.

—¿Querrás decir que no quieres?

—No puedo. Eso es lo que quiero decir.

—No quieres.

—Bueno —dijo ella—. Arregla las cosas como quieras.

—No arreglo las cosas como quiero, pero, ¡por Dios que me gustaría hacerlo!

—Lo hiciste durante mucho tiempo.

Era temprano y no había nadie en el café, con excepción del cantinero y los dos jóvenes que se hallaban sentados en una mesa del rincón. Terminaba el verano y los dos estaban tostados por el sol, de modo que parecían fuera de lugar en París. La joven llevaba un vestido escocés de lana; su cutis era de un moreno suave; sus cabellos rubios y cortos crecían dejando al descubierto una hermosa frente. El hombre la miraba.

—¡La voy a matar! —dijo él.

—Por favor, no lo hagas —dijo ella. Tenía bellas manos y el hombre las miraba. Eran delgadas, morenas y muy hermosas.

—Lo voy a hacer. ¡Te juro por Dios que lo voy a hacer!

—No te va a hacer feliz.

—¿No podías haber caído en otra cosa? ¿No te podrías haber metido en un lío de otra naturaleza?

—Parece que no —dijo la joven—. ¿Qué vas a hacer ahora?

—Ya te lo he dicho.

—No; quiero decir, ¿qué vas a hacer, realmente?

—No sé —dijo él—. Ella lo miró y alargó una mano—. ¡Pobre Phil! —dijo.

El hombre le miró las manos, pero no las tocó.

—No, gracias —declaró.

—¿No te hace ningún bien saber que lo lamento?

—No.

—¿Ni decirte cómo?

—Prefiero no saberlo.

—Te quiero mucho.

—Sí; y esto lo prueba.

—Lo siento —dijo ella—; si no lo entiendes …

—Lo entiendo. Eso es lo malo. Lo entiendo.

—¿Sí? —preguntó ella—. ¿Y eso lo hace peor?

—Es claro —la miró—. Lo entenderé siempre. Todos los días y todas las noches. Especialmente por la noche. Lo entenderé. No tienes necesidad de preocuparte.

—Lo siento…

—Si fuera un hombre…

—No digas eso. No podría ser un hombre. Tú lo sabes. ¿No tienes confianza en mí?

—¡Confiar en ti! Es gracioso. ¡Confiar en ti! Es realmente gracioso.

—Lo lamento. Parece que eso es todo lo que pudiera decir. Pero cuando nos entendemos, no vale la pena pretender que hacemos lo contrario.

—No, supongo que no.

—Volveré, si quieres.

—No; no quiero.

Después no dijeron nada por un largo rato.

—¿No crees que te quiero, no es cierto? —preguntó la joven.

—No hablemos de tonterías.

—Realmente, ¿no crees que te quiero?

—¿Por qué no lo pruebas?

—Haces mal en hablar así. Nunca me pediste que probara nada. No eres cortés.

—Eres una mujer extraña.

—Tú no. Eres un hombre magnífico y me destroza el corazón irme y dejarte…

—Tienes que hacerlo, por supuesto.

—Sí —dijo ella—. Tengo que hacerlo, y tú lo sabes.

Él no dijo nada. Ella lo miró y extendió la mano nuevamente. El cantinero se hallaba en el extremo opuesto del café. Tenía el rostro blanco y también era blanca su chaqueta. Conocía a los dos y pensaba que formaban una hermosa pareja. Había visto romper a muchas parejas y formarse nuevas parejas, que no eran ya tan hermosas. Pero no estaba pensando en eso, sino en un caballo. Un cuarto de hora más tarde podría enviar a alguien enfrente para saber si el caballo había ganado.

—¿No puedes ser bueno conmigo y dejarme ir? —preguntó la joven.

—¿Qué crees que voy a hacer?

Entraron dos personas y se dirigieron al mostrador.

—Sí, señor —dijo el cantinero y atendió a los clientes.

—¿Puedes perdonarme? ¿Cuándo lo supiste? —preguntó la muchacha.

—No.

—¿No crees que las cosas que tuvimos y que hicimos pueden influir en nuestra comprensión?

—"El vicio es un monstruo de tan horrible semblante" —dijo el joven con amargura— que... —no podía recordar las palabras—. No puedo recordar la frase —dijo.

—No digamos vicio. Eso no es muy cortés.

—Perversión —dijo él.

—¡James! —uno de los clientes se dirigió al cantinero—. Te ves muy bien.

—También usted se ve bien, señor —replicó al cantinero.

—¡Viejo James! —dijo el otro cliente—. Estás un poco más gordo.

—Es terrible la manera como uno se pone —contestó el cantinero.

—No dejes de poner el coñac, James —advirtió el primer cliente.

—No. Confíe usted en mí.

Los dos que se hallaban en el bar miraron a los que se encontraban en la mesa y después volvieron a mirar al cantinero. Por la posición en que se encontraban les resultaba más cómodo mirar al encargado del bar.

—Creo que sería mejor que no emplearas palabras como esa —dijo la muchacha—. No hay ninguna necesidad de decirlas.

—¿Cómo quieres que lo llame?

—No tienes necesidad de ponerle nombre.

—Así se llama.

—No —dijo ella—. Estamos hechos de toda clase de cosas. Debieras saberlo. Tú usaste muchas veces esa frase.

—No tienes necesidad de decirlo ahora.

—Lo digo porque así te lo vas a explicar mejor.

—Está bien —dijo él—. ¡Está bien!

—Dices que eso está muy mal. Lo sé; está muy mal. Pero volveré. Te he dicho que volveré. Y volveré en seguida.

—No; no lo harás.

—Volveré.

—No lo harás. A mí, por lo menos.

—Ya lo verás.

—Sí —dijo él—. Eso es lo infernal, que probablemente quieras volver.

—Por supuesto que lo voy a hacer.

—Ándate, entonces.

—¿Lo dices en serio? —no podía creerle, pero su voz sonaba feliz.

—¡Ándate! —dijo el hombre. Su voz le sonaba extraña. Estaba mirándola. Miraba la forma de su boca, la curva de sus mejillas y sus pómulos; sus ojos y la manera cómo crecía el cabello sobre su frente. Luego el borde de las orejas, que se veían bajo el pelo y el cuello.

—¿En serio? ¡Oh! ¡Eres bueno! ¡Eres demasiado bueno conmigo!

—Y cuando vuelvas me lo cuentas todo —su voz le sonaba muy extraña. No la reconocía. Ella lo miró rápidamente. Él se había decidido.

—¿Quieres que me vaya? —preguntó ella con seriedad.

—Sí —dijo él duramente—. En seguida. —Su voz no era la misma. Tenía la boca muy seca—. Ahora —dijo.

Ella se levantó y salió de prisa. No se volvió para mirarlo. Él no era el mismo hombre que antes de decirle que se fuera. Se levantó de la mesa, tomó los dos boletos de consumición y se dirigió al mostrador.

—Soy un hombre distinto, James —dijo al cantinero—. Ves en mí a un hombre completamente distinto

—Sí, señor —dijo James.

—El vicio —dijo el joven tostado— es algo muy extraño, James. —Miró hacia afuera. La vio alejarse por la calle. Al mirarse al espejo vio que realmente era un hombre distinto. Los otros dos que se hallaban acodados en el mostrador del bar se hicieron a un lado para dejarle sitio.

—Tiene usted mucha razón, señor —declaró Jame,.

Los otros dos se separaron un poco más de él, para que se sintiera cómodo. El joven se vio en el espejo que se hallaba detrás del mostrador.

—He dicho que soy un hombre distinto, James —dijo. Y al mirarse al espejo vio que era completamente cierto.

—Tiene usted :muy buen aspecto, señor —dijo James—. Debe haber pasado un verano magnífico.

EL SEÑOR Y LA SEÑORA ELLIOT

El señor y la señora Elliot hicieron todo lo posible para tener un hijo. Lo intentaron tan a menudo como la señora Elliot podía soportarlo. Lo intentaron en Boston luego de casarse y lo intentaron en el buque en que volvieron. No lo intentaron muchas veces porque la señora Elliot se mareaba seguido. Ella se enfermaba, y cuando se enfermaba lo hacía como suele suceder cuando las mujeres sureñas se enferman. Es decir, las mujeres del Sur de los Estados Unidos. Como todas las mujeres sureñas, la señora Elliot se descomponía rápidamente bajo los efectos del mareo, o cuando viajaba de noche o demasiado temprano a la mañana. Muchos pasajeros la tomaban por la madre de Elliot. Otras personas que sabían que estaban casados creían que iba a tener un bebé. En realidad, tenía cuarenta años. Sus años se precipitaron de repente cuando ella empezó a viajar.

Parecía que era mucho más joven; de hecho, no aparentaba ninguna edad definida cuando Elliot se casó con ella, después de cortejarla varias semanas y luego de conocerla durante algún tiempo en el salón de té del que era dueña, donde la besó una noche.

Hubert Elliot estaba haciendo un curso de posgrado en derecho en Harvard cuando se casaron. Él era poeta, con una entrada anual de casi diez mil dólares. Escribía con gran rapidez extensos poemas. Tenía veinticinco años y nunca se había acostado con una mujer hasta casarse con la señora Elliot. Quería conservarse puro para trasmitir a su esposa la misma pureza de cuerpo y mente que esperaba de ella. A eso lo llamaba una vida recta. Había estado enamorado de varias chicas antes de besar a la señora Elliot, y tarde o temprano siempre les decía que había llevado una vida pura. Casi todas las chicas perdían interés en él. Él se escandalizaba y se horrorizaba de la forma en que las mujeres se comprometían y se casaban con hombres a quienes habían conocido y que, ellas debían saberlo, se habían arrastrado por lo bajo. En una oportunidad intentó prevenir a una muchacha que conocía contra un hombre de quien tenía pruebas que había sido un sinvergüenza en la universidad, y eso causó un incidente muy desagradable.

El nombre de la señora Elliot era Cornelia. Le había pedido a él que la llamara Calutina, que era su nombre de familia en el Sur. Su madre lloró cuando él llevó a Cornelia a su casa luego de la boda, pero se puso muy contenta cuando ella le dijo que irían a vivir al extranjero.

Cornelia le dijo:

—Mi adorado muchachito —y lo abrazó más fuerte que nunca cuando él le contó que se había mantenido limpio para ella. Cornelia también era pura—. Bésame otra vez así —le dijo ella.

Hubert le explicó que había aprendido esa manera de besar después de oír a un tipo contar una historia. Estaba fascinado con el experimento y lo practicaron todo lo posible. Algunas veces, luego de estar un largo rato besándose, Cornelia le pedía que le contara otra vez que se había mantenido limpio para ella. Esa declaración siempre la entusiasmaba.

Al principio, a Hubert no se le pasaba por la cabeza la idea de casarse con Cornelia. Había sido una muy buena amiga suya, y un día en que habían estado bailando en la trastienda del negocio al compás del gramófono mientras una amiga suya cuidaba la tienda del frente, ella lo miró a los ojos y él la besó. Él no recordaba exactamente cuándo se decidió que se casarían. Pero se casaron.

Pasaron la noche de bodas en un hotel de Boston. Los dos quedaron decepcionados, pero finalmente Cornelia se durmió. Hubert no podía dormir y varias veces salió y se puso a caminar por el pasillo del hotel con la bata Jaeger puesta, que había comprado para el viaje de bodas. Mientras caminaba vio las hileras de pares de zapatos, pequeños y grandes, junto a las puertas de las habitaciones del hotel. Esto le hizo latir el corazón, de modo que corrió de regreso a su cuarto, pero Cornelia estaba dormida. No quería despertarla y pronto se calmó y se durmió tranquilamente.

Al día siguiente visitaron a su madre y luego se embarcaron para Europa. Era posible intentar tener un bebé, pero Cornelia no quería intentarlo seguido, a pesar de que querían un bebé más que nada en el mundo. Desembarcaron en Cherburgo y siguieron viaje a París. Allí volvieron a intentarlo. Luego decidieron ir a Dijon, donde había una escuela de verano y a donde habían viajado muchos de los turistas que habían cruzado el estrecho en el barco con ellos. Vieron que no había nada interesante que hacer en Dijon. No obstante, Hubert estaba escribiendo una gran cantidad de poemas que Cornelia pasaba a máquina para él. Todos eran poemas muy largos. Él era muy cuidadoso con los errores, y la hacía reescribir páginas enteras si encontraba algún error. Ella lloraba mucho e intentaron tener un bebé antes de irse de Dijon.

Fueron a París y la mayoría de sus amigos del barco también fueron allí. Ellos estaban cansados de Dijon y de todos modos ya podrían decir que luego de dejar Harvard, Columbia o Wabash habían estudiado en la Universidad en la Cote d'Or. Muchos de ellos habrían preferido ir a Languedoc, Montpellier o Perpignan, si hubiera habido universidades allí. Pero todos esos lugares estaban demasiado lejos. Dijon está solo a cuatro horas y media de París y servían cena en el tren.

De manera que todos rondaron el Café du Dome, evitando la Rotonde de la calle de enfrente porque estaba siempre llena de extranjeros, y luego los Elliot alquilaron un chateau en Touraine que vieron anunciado en el *New York Herald*. Para entonces Elliot tenía una cantidad de amigos, todos los cuales admiraban su poesía, y la señora Elliot lo había convencido para que mandara buscar en Boston a su amiga del salón de té de allí. La señora Elliot se animó mucho luego de la llegada de su amiga, y tuvieron ocasión de llorar de alegría juntas. Ella también provenía de una muy buena familia sureña.

Los tres, junto con varios amigos de Elliot que lo llamaban Hubie, fueron juntos al chateau en Touraine. Encontraron Touraine muy chata y calurosa, muy parecida a Kansas. Para entonces, Elliot tenía una buena cantidad de poemas para un libro. Lo iba a llevar a Boston, y ya había enviado un cheque y hecho un contrato con un editor.

Al poco tiempo los amigos empezaron a marchar de regreso a París. Touraine no había resultado lo que parecía ser al principio. Pronto los amigos se habían ido con un poeta joven y soltero a una playa cerca de Trouville. Todos eran muy felices allí.

Elliot se quedó en el chateau de Touraine porque lo había alquilado para todo el verano. Él y la señora Elliot intentaron todo lo posible tener un bebé en la espaciosa y calurosa cama del dormitorio de la habitación. La señora Elliot estaba aprendiendo a escribir a máquina al tacto sin mirar el teclado, pero vio que a medida que mejoraba en velocidad cometía más errores. Ahora su amiga era quien escribía todos los manuscritos. Era muy prolija y eficiente y parecía disfrutarlo.

Elliot había empezado a beber vino blanco y vivía aparte en su propio cuarto. Escribía una buena cantidad de poemas durante la noche y por la mañana se veía exhausto. La señora Elliot y su amiga ahora dormían juntas en la espaciosa cama medieval. En muchas oportunidades lloraban juntas. Por la noche todos cenaban en el jardín bajo un plátano y soplaba la brisa nocturna y Elliot bebía su vino blanco y él y la amiga charlaban y todos eran muy felices.

EN EL MUELLE DE ESMIRNA

Lo extraño era, dijo, el modo en que gritaban todas las noches a la medianoche. No sé por qué gritaban a esa hora. Estábamos en el puerto y ellos en el muelle y a la medianoche comenzaban a gritar. Solíamos echarles encima la luz del reflector para calmarlos. Nunca fallaba. Les pasábamos el reflector por encima dos o tres veces y dejaban de hacerlo. En una ocasión fui el oficial de turno en el muelle, y un oficial turco se me acercó bufando de rabia porque uno de nuestros marinos había estado de lo más insultante con él. Por tanto le dije que enviaríamos al tipo al barco y lo castigaríamos muy severamente. Le pedí que me lo señalara. Entonces señaló a un ayudante de artillero, un chico de lo más inofensivo. Dijo que había estado de lo más escandalosa y repetidamente insultante; me hablaba por medio de un intérprete. No podía yo imaginar cómo aquel ayudante de artillero sabía turco suficiente para mostrarse insultante. Lo llamé y dije "esto por si hablaste con alguno de los oficiales turcos".

—Con ninguno de ellos hablé, señor.

—Estoy segurísimo —dije—, pero mejor sube al barco y no vuelvas a tierra por el resto del día.

Entonces dije al turco que estábamos embarcando al hombre, y manejaríamos el caso del modo más severo. "Oh, del modo más riguroso." Se sintió lo máximo con eso. Grandes amigos que éramos.

Lo peor, dijo, eran las mujeres con bebés muertos. Imposible lograr que aquellas mujeres entregaran sus bebés muertos. Llevaban seis días con los bebés muertos. Simplemente no los entregaban. Nada podía hacerse al respecto. Al final tuvimos que quitárselos. Entonces ocurrió lo de esa anciana, el caso más extraordinario. Se lo conté a un médico y me dijo que mentía. Los estábamos sacando del muelle, pues teníamos que sacar a los muertos, y esta anciana yacía en una especie de camilla. Dijeron "¿No quiere echarle una miradita, señor?" Así que le eché una miradita y justo en ese momento murió y se quedó absolutamente tiesa. Levantó las piernas y se levantó desde la cintura y después se quedó totalmente rígida. Como si hubiera estado muerta toda la noche. Bien muerta y absolutamente rígida. Se lo conté a uno de los médicos y me dijo que era imposible.

Allí estaban todos en el muelle y en nada era como un terremoto o algo por el estilo porque nunca supieron de los turcos. Nunca supieron lo que esos condenados turcos habrían hecho. ¿Recuerdas cuando nos ordenaron no volver ya para llevarnos más? Sentía el viento en contra cuando entramos aquella mañana. Tenían tantas baterías como imagines y pudieron habernos barrido del agua, íbamos a entrar, navegar muy pegados a lo largo del muelle, soltar las anclas de proa y popa y entonces cañonear el barrio turco de la ciudad. Nos habrían barrido del agua, pero nosotros simplemente habríamos vuelto un infierno la ciudad. Se contentaron con dispararnos unas cuantas salvas cuando entrábamos. Vino Kemal y despidió al comandante turco. Por excederse en sus órdenes o algo parecido. Se sobrepasó un poco. Habría sido un caos endemoniado.

Recuerdas el puerto. Había un montón de objetos lindos flotando en él. Fue la única vez en mi vida que me puse de tal modo que soñaba con esos objetos. Te impresionaban menos las mujeres que daban a luz que aquellas con los bebés muertos. Desde luego que daban a luz. Es sorprendente cuán pocos murieron. Simplemente las cubrías con algo y las dejabas en la tarea. Siempre elegían el lugar más oscuro de la cala para tenerlos. Ninguna se interesaba en nada una vez que salían del muelle.

También los griegos eran chicos simpáticos. Cuando evacuaron tenían todos estos animales de carga que no podían llevarse, así que les rompieron las patas traseras y los arrojaron a las aguas poco profundas. Todas aquellas mulas con las patas traseras rotas lanzadas a las aguas poco profundas. Fue un asunto agradable. Palabra que sí, un asunto de lo más agradable.

EN OTRO PAÍS

En el otoño la guerra estaba siempre ahí, pero nosotros ya no íbamos. Hacía frío en el otoño en Milán y oscurecía temprano. Luego se encendían las luces y era agradable errar por las calles mirando las vidrieras. Había mucha caza colgada afuera en las tiendas y la nieve polvoreaba la piel de los zorros y el viento soplaba sus colas. Los ciervos pendían tiesos, pesados y vacíos; pájaros chicos se mecían en el viento y el viento les doblaba las plumas. Era un otoño frío; el viento bajaba de las montañas.

Estábamos todas las tardes en el hospital; había muchos trayectos para llegar, cruzando la oscura ciudad. Dos de los caminos orillaban canales, pero eran largos. De cualquier modo había que atravesar algún puente. Había tres puentes para elegir. En uno había una mujer que vendía castañas asadas; era confortable pararse delante de su fuego de carbón, y las castañas calentaban después el bolsillo. El hospital era muy viejo y hermoso. Uno entraba por una puerta de reja y atravesaba un patio y luego otra reja. Siempre había funerales que salían de aquel patio. Detrás del viejo edificio estaban los nuevos pabellones de ladrillo, y ahí nos reuníamos cada tarde y éramos muy corteses, y nos sentábamos en las máquinas que iban a hacernos tanto bien.

El doctor se acercó a la que yo ocupaba y me preguntó:

—¿Cuál era su afición antes de la guerra? ¿Algún deporte?

—Sí, fútbol —le respondí.

—Bueno, pues jugará usted al fútbol de nuevo y mejor que nunca —me dijo.

Mi máquina era como un triciclo para flexionar mi rodilla; pero esta no se plegaba y el pedal insistía sin resultado. El doctor decía:

—Esto pasará. Usted es un muchacho de suerte. Va a jugar de nuevo como un campeón.

A mi lado se sentaba un mayor que tenía una mano consumida, como la de una criatura. Me guiñaba un ojo cuando el doctor le examinaba la mano (entre dos cintas de cuero que subían y bajaban haciendo articular sus dedos duros) y preguntaba:

—¿Jugaré yo también al fútbol, capitán? —había sido el mejor esgrimista de Italia, antes de la guerra.

El doctor le traía de su escritorio una fotografía que mostraba una mano en idénticas condiciones, y otra, apenas más grande, después de emplear el aparato.

El mayor tomaba la fotografía con la mano sana y la escudriñaba.

—¿Un herido? —preguntaba.

—Un accidente de trabajo.

—¡Muy interesante, muy interesante! —repetía, y luego la devolvía.

—¿Tiene usted confianza?

—No.

Había tres muchachos más o menos de mi edad que venían todos los días. Los tres eran de Milán. Uno de ellos debió ser abogado, el otro pintor, y el tercero quería ser soldado. A veces, cuando salíamos del hospital, caminábamos juntos hasta el Café Cova, que estaba al lado de la Scala. Como éramos cuatro, atravesábamos el barrio comunista, que era el camino más corto. La gente nos odiaba porque éramos oficiales y desde una cantina alguien gritaba: «¡A basso gli ufficiali!».

Otro muchacho, que solía venir con nosotros, llevaba un pañuelo de seda negro atado sobre la cara porque no tenía nariz, e iban a reconstruirle la cara. Había dejado la Academia Militar para irse al frente y lo habían herido al cabo de una hora. Le reconstruyeron la cara, pero descendía de una antigua familia, y nunca pudieron hacerle la misma nariz.

Se fue a América del Sur a trabajar a un banco. Pero eso fue hace mucho tiempo y en ese entonces ninguno de nosotros sabía qué era lo que iba a pasar después. Lo único que sabíamos era que la guerra continuaba, pero que nosotros ya no iríamos nunca más hacia ella.

Todos teníamos las mismas medallas, salvo el muchacho, que no había estado lo suficiente en el frente para obtenerla. El alto, de la cara pálida, el que debió ser abogado, había sido lugarteniente de Arditti y tenía tres medallas como las nuestras. Había vivido mucho tiempo junto a la muerte, y era un poco indiferente. Todos éramos un poco indiferentes y no había nada que nos ligara, salvo el encontrarnos todas las tardes en el hospital.

Cuando cruzábamos juntos los suburbios, con luces y canciones que salían de las cantinas, y a veces teníamos que bajar a la calle, porque los hombres y mujeres se apiñaban en la vereda, de suerte que hubiera sido necesario empujarlos para obtener paso, nos sentíamos ligados por algo que había sucedido y que ellos, nuestros enemigos, no podían comprender.

Nosotros comprendíamos la Cova, porque era poco iluminado, lujoso, abrigado, bullicioso y ahumado a ciertas horas; además, siempre había muchachas en las mesas, y diarios ilustrados en la papelera.

Las muchachas de la Cova eran muy patriotas. Descubrí que la gente más patriota de Italia era las mujeres de los cafés; y creo que todavía lo son.

Mis compañeros al principio fueron muy respetuosos con mis medallas y me preguntaron qué había hecho para conseguirlas. Yo les mostré los papeles escritos en bellísimo lenguaje y llenos de «Fraternidad y Abnegación», pero que en realidad decían, retirando los adjetivos, que me habían sido otorgadas las medallas porque era norteamericano.

Después la actitud de ellos cambió conmigo, aunque siempre era su compañero contra los de afuera. Con ellos se había obrado de otro modo y lo que ellos habían hecho para merecer las medallas era distinto. Yo había sido herido, por cierto; pero ya se sabía que el ser herido era un accidente, más bien.

Nunca me avergonzaba de haber sido condecorado, aunque a veces, después de la hora del coctel, me imaginaba un héroe como ellos; pero volviendo a casa de noche, con frío, a la deriva, entre las calles desiertas y las tiendas cerradas, tratando de acercarme a los faroles, sabía que nunca había hecho semejantes cosas; temía mucho a la muerte y a veces de noche me quedaba en cama de miedo, preguntándome cómo reaccionaría cuando volviera al frente.

El mayor, que había sido un gran esgrimista, no creía en «heroísmos». Cuando estábamos en las máquinas, pasaba gran parte de su tiempo corrigiendo mi gramática. Me había ponderado lo bien que hablaba italiano y conversábamos juntos sin dificultad. Un día dije que el italiano me parecía un idioma tan fácil que no podía dedicarle mayor interés: ¡todo era tan simple de decir!

—¡Ah, sí! —respondió el mayor—. ¿Por qué no estudia gramática, entonces?

Tomé la gramática y pronto el italiano fue para mí tan difícil que no me animaba a hablarlo hasta conocerlo a fondo.

El mayor era constante en su asistencia, aunque estoy seguro de que no creía en la eficacia del tratamiento. Siempre hubo un momento de duda y un día el mayor dijo que todo era una tontería. Los aparatos eran nuevos y nosotros servíamos para ensayarlos.

—Es una idea estúpida, una teoría como cualquiera —agregó.

Yo no había estudiado gramática y él decía que yo era un imbécil. Qué loco había sido, molestándose por mí.

Era de corta estatura, y se sentaba firme en su silla con la mano escondida, la mirada siempre en alto, mientras las cintas de cuero articulaban sus dedos duros.

—¿Qué hará usted cuando la guerra termine, si es que termina? —me preguntó una vez—. ¡Hable gramaticalmente!

—Me iré a Estados Unidos.

—¿Es usted casado?

—No, pero espero serlo.

—¡Vaya, qué loco! —dijo; parecía muy enojado—. Nadie debe casarse.

—¿Por qué, *signor maggiore*?

—No me llame *signor maggiore*.

—¿Por qué nadie debe casarse?

—¡No puede casarse, no puede casarse! —decía enojado—. Si está destinado a perderlo todo, no debe exponerse él mismo. ¡No! Deberá buscar lo que no se pierde. —Hablaba con la cabeza erguida y visiblemente contrariado.

—Pero ¿por qué es preciso que lo pierda todo?

—Lo perderá —decía, mirando la pared. Luego, volviéndose hacia la máquina, sacudió su pequeña mano, y la golpeó duramente contra su pierna—. Lo perderá —repetía casi gritando—. ¡No me discuta! —Y luego llamó al asistente—. ¡Venga y dé vuelta a este endemoniado aparato!

Volvió a la pieza contigua para el tratamiento de rayos y masajes. Oí que pedía permiso al doctor para usar su teléfono, y luego cerró la puerta.

Cuando regresó, llevaba la capa y el sombrero; se dirigió directamente a mí y poniendo su brazo en mi hombro, me dijo, golpeándome con su mano sana:

—Lo siento, mi mujer acaba de morir. Debe usted disculparme.

—¡Oh! —dije, lamentándome por él—, ¡cuánto lo siento!

Se mantuvo firme, mordiendo su labio inferior.

—Es tan difícil —dijo—. No puedo resignarme.

Miraba a lo lejos, más allá de la ventana. Luego empezó a llorar.

—Me siento totalmente incapaz de resignarme —decía, y la voz se le ahogaba.

Entonces llorando, la cabeza en alto, mirando sin ver, con lágrimas en las dos mejillas, cruzó militarmente la pieza, frente a los aparatos, y salió.

El doctor me contó que la mujer del mayor, que era mucho más joven y con quien se había casado siendo ya definitivamente inválido a consecuencia de la guerra, había muerto de neumonía. Su enfermedad solo había durado algunos días. Nadie pensó que moriría.

El mayor estuvo tres días ausente del hospital; luego volvió a la hora de costumbre, con una cinta en la manga del uniforme. A su regreso, había en la pared varias fotografías de heridos, de todas clases, antes y después del tratamiento. Frente a él se hallaban tres fotografías de manos como la suya, completamente reformadas.

Ignoro dónde las habrían conseguido; siempre creí que éramos los primeros en usar los aparatos.

Las fotografías no le interesaban mucho al mayor, que más bien miraba la ventana.

ESCRIBE UN LECTOR

La mujer estaba sentada a la mesa de su dormitorio con un periódico doblado delante y solo interrumpía la lectura para mirar por la ventana y ver la nieve que caía y se derretía en el tejado. Escribió esta carta, y la escribió de un tirón, sin tener que tachar ni corregir nada.

Roanoke,   *Virginia*
6 de febrero de 1933
Querido doctor:

Permítame que le escriba para pedirle un consejo muy importante. Tengo que tomar una decisión y no sé en quién confiar y no me atrevo a preguntárselo a mis padres. Así que acudo a usted. Y solo confío en usted porque no me hará falta verlo. Esta es la situación. Me casé con un miembro del ejército de Estados Unidos en 1929, y ese mismo año lo destinaron a China, Shanghai, se estuvo allí tres años, y volvió a casa, y lo licenciaron hace unos meses, y se fue a casa de su madre en Helena, Arkansas. Me escribió para que fuera a su casa, fui y descubrí que estaba siguiendo un tratamiento de inyecciones y naturalmente le pregunté para qué eran, y descubrí que le trataban una enfermedad que no sé cómo se escribe, pero que sonaba a algo como "sífilus". ¿Sabe a qué me refiero? Quiero que me diga si vivir con él puede perjudicarme la salud. Desde su retorno de China no hemos tenido ningún contacto íntimo. Él me asegura que cuando acabe el tratamiento estará curado. ¿Cree que es verdad? A menudo oí decir a mi padre que si uno caía víctima de esa enfermedad más le valía estar muerto. Creo a mi padre, pero sobre todo quiero creer a mi marido. Por favor, por favor, dígame qué hacer. Tengo una hija que nació cuando su padre estaba en China.

Le doy las gracias y confío plenamente en su consejo.
Atentamente,

y firmó con su nombre.

A lo mejor él puede decirme qué debo hacer, se dijo. A lo mejor me lo puede decir. En la foto que sale en el periódico es la impresión que da. Parece inteligente, desde luego. Cada día le dice a alguien lo que debe hacer. Debería saberlo. Quiero hacer lo que sea correcto. De todos modos, ha pasado tanto tiempo. Tanto tiempo. Ha estado tanto tiempo fuera. Dios mío, cuánto tiempo. Él tenía que ir a donde lo mandaran, lo sé, pero no sé por qué tuvo que coger eso. Oh, ojalá no lo hubiera cogido. No me importa cómo lo cogió. Pero ojalá nunca lo hubiera cogido. A mí me parece que no tendría que haberlo cogido. No sé qué hacer. Dios mío, ojalá no tuviera ninguna enfermedad. No sé por qué tuvo que coger esa enfermedad.

FUERA DE TEMPORADA

Peduzzi se emborrachó con las cuatro liras que había ganado removiendo el jardín del hotel con la azada. Cuando el hombre joven atravesó el sendero, le habló en forma misteriosa. Le dijo que todavía no había comido, pero que estaba dispuesto a ir no bien terminase el almuerzo. Cuarenta minutos o una hora más tarde.

En la taberna, cerca del puente, le fiaron tres copas porque se mostró muy confiado y cauteloso respecto al trabajo que haría por la tarde. Era un día de viento. El sol se asomó detrás de las nubes y desapareció casi en seguida cuando empezó a lloviznar. Era un día excelente para pescar truchas.

El hombre joven salió del hotel y le preguntó por las cañas.

— ¿Mi mujer tiene que seguirnos con las cañas, entonces?

—Sí —contestó Peduzzi—; que ella nos siga.

El turista volvió al hotel y habló con su esposa. Después se reunió con Peduzzi y ambos empezaron a caminar. El hombre joven llevaba un morral al hombro. Peduzzi vio que la mujer les seguía. Parecía tan joven como su marido y usaba botas montañesas y una boina azul. Llevaba una caña de pescar en cada mano, en piezas separadas. A Peduzzi no le gustó que fuera tan distanciada.

—¡Signorina! —gritó, guiñando el ojo a su acompañante—. Venga con nosotros. Venga aquí, signora. Vayamos juntos los tres.

Peduzzi quería que los tres fuesen juntos por la calle de Cortina. La mujer no se apresuró. Al parecer, los acompañaban de mal humor.

—Signorina —llamó Peduzzi con suavidad—, venga aquí, con nosotros.

El hombre joven se volvió y gritó algo. Entonces, la mujer dejó de rezagarse y se acercó.

Peduzzi saludaba atentamente a toda la gente que encontraba en la calle principal del pueblo.

—Buon di, Arturo! —dijo, tocándose el sombrero.

El empleado del Banco le miró desde la puerta del café fascista. También les observaron grupos de tres y cuatro personas, frente a las tiendas. Y los obreros con las chaquetas cubiertas del polvo que levantaban los cimientos del nuevo hotel, alzaron la vista a su paso. Nadie les dijo nada ni les hizo ninguna seña, excepto el mendigo del pueblo, flaco y viejo, con barba tupida, que se quitó el sombrero al verlos.

Peduzzi se detuvo frente a un almacén que tenía el escaparate lleno de botellas y sacó la suya, vacía, del bolsillo interior, de su vieja y descolorida guerrera militar.

—Algo de beber. Un poco de marsala para la signora. Algo, algo para tomar —gesticuló con la botella de grapa. Era un día magnífico—. Marsala. ¿Le gusta el marsala, signorina? Un poco de marsala, ¿eh?

La mujer frunció el ceño y habló con su marido:

—Si sabes lo que dice, contéstale tú, pues yo no lo entiendo. Está borracho, ¿no?

Parecía no oír a Peduzzi. Estaba pensando: «¿Por qué diablos se le ocurre decir marsala? Eso es lo que tomó siempre Max Beerbohm».

—Geld (dinero) —dijo finalmente Peduzzi, tirando de la manga al hombre joven—. Liras —sonrió. No le gustaba obligarlo en esa forma, pero era necesario poner en acción a su acompañante.

Éste sacó la cartera y le dio un billete de diez liras. Peduzzi subió hasta la puerta de la tienda, pero la encontró cerrada. En el cartel decía: «Especialidad en Vinos del País y Extranjeros».

—Hasta las dos no abren —dijo con desdén alguien que pasaba por la calle.

Peduzzi bajó. Se sentía ofendido.

—No importa —anunció—. Podemos conseguirlo en la Concordia.

Se dirigieron a la «pastelería Concordia» los tres juntos. Frente a la entrada, donde estaban amontonados los herrumbrosos trineos, el joven marido dijo:

—Was wollen Sie? ¿Qué quiere?

Peduzzi le extendió repetidas veces el billete doblado.

—Nada —contestó—; cualquier cosa —estaba desconcertado—. Marsala, quizá. No sé. Marsala, ¿eh?

La puerta del local se cerró tras el hombre y su mujer.

—Tres marsalas —le dijo a la muchacha que atendía el mostrador.

—Querrá decir dos, ¿verdad? —preguntó ella.

—No; el otro es para un vecchio.

— ¡Oh! —exclamó la moza—. Un vecchio —y se echó a reír mientras sacaba la botella.

Después llenó tres vasos con un líquido que parecía sucio. La mujer se sentó a una mesa, bajo la repisa de los periódicos. Su marido le dio uno de los vasos de marsala.

—Te conviene tomarlo —le dijo—. Tal vez te encuentres mejor.

Ella observó la bebida. Su joven esposo fue hasta la puerta con el vaso para Peduzzi, pero no lo encontró.

—No sé dónde está —dijo al volver al mostrador.

—Él quería un cuarto —le advirtió su mujer.

—¿Cuánto vale un cuarto de litro? —El marido se dirigió a la muchacha.

—¿El bianco? Una lira.

—No, marsala. Y agregue también estos dos —manifestó, dándole su propio vaso y el que ella había servido para Peduzzi.

La muchacha llenó la medida de cuarto de litro con el embudo.

—Y una botella para llevarlo —pidió el hombre joven.

Ella fue a buscar una botella. Todo eso la divertía mucho.

—Lamento tu disgusto, Tiny —dijo el marido—. Estoy arrepentido de lo que dije durante el almuerzo. ¡Y pensar que los dos estábamos yendo al mismo sitio por distintos caminos!

—No tiene importancia. No te preocupes.

—Hace mucho frío, ¿eh? ¿Por qué no te pusiste otro suéter?

En aquel momento regresó la muchacha trayendo una pequeña botella oscura. El hombre joven pagó cinco liras más y después salió con su mujer. La muchacha de la tienda se quedó muy contenta. Peduzzi estaba enfrente, paseándose de un lado a otro con las cañas. Hacía mucho viento.

—Vamos —les dijo—. Yo llevaré las cañas. ¿Qué importa si alguien las ve? Nadie nos molestará. Nadie se meterá conmigo en Cortina. Conozco a los del municipio. He sido soldado y todos me quieren en este pueblo. Vendo ranas. ¿Qué importa si está prohibido pescar? No interesa a nadie. Nada. No habrá lío. Y le aseguro que son truchas grandes y que hay muchas.

Se dirigieron al río por la pendiente de la colina. La población quedó atrás. El sol se había ocultado y estaba lloviznando otra vez.

—Vea —dijo Peduzzi, señalando a una muchacha que estaba de pie junto a la puerta de una casa frente a la cual pasaron—. Esa es mi hija.

—Su médico —dijo la mujer—, ¿es que tiene que indicarnos cuál es su médico?

—Dijo su hija —replicó el joven.

Mientras Peduzzi la señalaba, la muchacha entró en la casa.

Después de atravesar otro campo se dirigieron directamente a la orilla del río. Peduzzi mezclaba su rápida charla con muchos guiños e insinuaciones. En una oportunidad rozó a la mujer con el codo. A veces, hablaba en el dialecto de Ampezzo, y otras en tirolés. Empleaba dos lenguas porque no sabía cuál entendían mejor sus acompañantes, pero como el hombre contestaba siempre: «Ja, ja» (Sí, sí), Peduzzi resolvió expresarse solo en tirolés. La mujer y su joven marido no entendían ni jota.

—En el pueblo todos nos han visto pasar con estas cañas. Es probable que ahora nos estén siguiendo los guardas rurales. Ojalá no me hubiera metido en este maldito asunto. Y lo peor es que este imbécil viejo del demonio está borracho.

—Pero, por supuesto, tú no eres de los que se echan atrás —dijo su mujer—. Entonces tienes que seguir, ¿verdad?

— ¿Por qué vienes? Vete al hotel, Tiny.

—Me quedaré contigo. Si te llevan preso, será mejor que esté a tu lado.

Bajaron de golpe por una zona empinada de la ribera y Peduzzi empezó a gesticular frente al agua fangosa y oscura del río. Cerca de allí, a la derecha, había un montón de basura.

—Hábleme en italiano —dijo el hombre joven.

—Un' mezzo'ora. Piu d'un mezz'ora.

—Dice que todavía falta por lo menos media hora. Es mejor que te vayas al hotel, Tiny. El viento es demasiado frío. El día es malísimo y pase lo que pase no nos vamos a divertir nada.

—Bueno —convino la mujer, y comenzó a subir por la orilla cubierta de pasto.

Peduzzi, que estaba junto al río, la vio así que llegó arriba.

—Frau! (señora) —gritó—. Frau! ¡Fraulein! No se marche.

Ella continuó su camino por la cresta de la colina.

— ¡Se fue! —exclamó Peduzzi, disgustado.

Quitó las tiras de goma que sostenían los segmentos de las cañas y se puso a articular los correspondientes a una de ellas.

— ¿Pero no dijo que falta media hora?

— ¡Oh! Sí. Si uno baja más, tarda media hora. Pero aquí se puede pescar bien.

— ¿De veras?

— ¡Claro! Este sitio es tan bueno como el otro.

El hombre joven se sentó en la orilla y montó una caña. Después colocó el carrete y pasó el sedal por las correderas. Se sentía molesto y temía que de un momento a otro pudiese llegar algún guardabosque o un grupo de ciudadanos con el sheriff. Desde el borde de la colina podía ver las casas y el campanario del pueblo. Cuando abrió la caja de sedales, Peduzzi se agachó e introdujo en ella su grueso y duro pulgar y el índice, enredando los humedecidos cordeles.

— ¿No tiene un poco de plomo?

—No.

—Hace falta un poco de plomo —Peduzzi estaba excitado—. Tiene que conseguir piombo. Piombo. Un poco de piombo. Para esto. Para poner justo encima del anzuelo. Así no flotará en el agua. Debe tener un poquito de piombo.

— ¿Y usted no tiene?

—No —Peduzzi buscó en sus bolsillos con desesperación. Hasta registró el sucio género a través de los forros de su guerrera—. No tengo. Necesitamos piombo.

—Entonces no podemos pescar —anunció el hombre joven, desarmando la caña y recogiendo el sedal por las correderas—. Conseguiremos un poco de piombo y vendremos mañana a pescar.

—Pero escúcheme, caro. Tiene que tener piombo. Si no, el sedal flotará en el agua —el día de Peduzzi se echaba a perder bajo sus propias narices—. Tiene que conseguir piombo. Con un poco alcanza. Su equipo es nuevo y está limpio, pero le falta el plomo. Yo hubiera traído un poco, pero usted dijo que tenía de todo.

El hombre joven miró el agua descolorida por la nieve que empezaba a derretirse.

—Tiene razón —dijo—. Pescaremos mañana, cuando hayamos conseguido un poco de piombo.

—Dígame, ¿a qué hora de la mañana?

—A las siete.

El tiempo era más bien cálido, ya que había vuelto a salir el sol. El hombre joven se sintió muy aliviado. Ya no tenía que violar la ley. Sentado en la orilla, sacó de su bolsillo la botella de marsala y se la dio a Peduzzi. Peduzzi se la devolvió. El joven tomó un trago y se la entregó de nuevo al guía, que tampoco la aceptó esta vez y dijo:

—Tome, tome usted. Es su marsala.

Después de unos cuantos sorbos más, el marido de Tiny dejó la botella definitivamente. Peduzzi le había estado observando muy de cerca Recogió la botella con prisa y empezó a empinar el codo. Los pelos canosos de las arrugas de su cuello oscilaban mientras bebía. Tenía la mirada fija en el fondo de la angosta botella. Bebió hasta la última gota. El sol brillaba mientras bebía. Era algo maravilloso. Aquel sí que era un gran día, al fin y al cabo. Un día magnífico.

—Senta, caro! A las siete de la mañana.

Llamó caro a su acompañante en varias ocasiones, pero no sucedió nada anormal. El marsala era bueno. Sus ojos chispeaban. Y vendrían más días como ése. Iba a empezar a las siete de la mañana.

Comenzaron a subir por la colina rumbo al pueblo. El hombre joven marchaba delante. Cuando estaba cerca de la cresta, Peduzzi le dijo:

—Escuche, caro, ¿no puede darme cinco liras?

— ¿Por lo de hoy? —preguntó el otro, frunciendo el ceño.

—No; por lo de hoy, no. Démelas hoy por el trabajo de mañana. Así conseguiré todo lo necesario. Pane, salami, formaggio, lo mejor para nosotros tres, usted, yo y la signora. Y peces para cebo, no solo gusanos. Tal vez compre un poco de marsala. Todo por cinco liras. Cinco liras, por favor.

Después de mirar cuánto tenía en la cartera, el hombre joven sacó un billete de dos liras y dos de una.

—Gracias, caro. Gracias —expresó Peduzzi, igual que un miembro del «Carleton Club» cuando otro le entrega el *Morning Post*. Aquello sí que era vivir. Ya había terminado con el jardín del hotel, donde desmenuzaba el abono helado con una horca para estiércol. Empezaba una nueva vida.

—Hasta las siete, caro —dijo mientras daba unas palmadas a su acompañante—. A las siete en punto.

— ¿Quién sabe si iré? —dijo el hombre joven, guardándose la cartera en el bolsillo.

— ¿Cómo? —exclamó Peduzzi—. Llevaré peces para cebo, signor. Salami, todo. Usted, yo y la signora. Los tres.

— ¿Quién sabe si iré? —repitió el otro—. Es muy probable que no. En todo caso, lo dejaré dicho al padrone del hotel.

HOY ES VIERNES

Tres soldados romanos se hallan en una taberna a las once de la noche. Hay toneles en torno a la pared. Tras la barra de madera hay un tabernero hebreo. Los tres soldados romanos están un poco bebidos:

SOLDADO PRIMERO: ¿Has probado el tinto?

SOLDADO SEGUNDO: No, no lo he probado.

SOLDADO TERCERO: Pues más vale que lo pruebes.

SOLDADO SEGUNDO: Muy bien, George, tomaremos una ronda de tinto.

TABERNERO HEBREO: Aquí tienen, caballeros. Este les gustará. (Coloca una jarra de barro que ha llenado con el vino de uno de los toneles.) Es un vino bastante bueno.

SOLDADO PRIMERO: Tome usted un trago. (Se vuelve hacia el soldado tercero, que está apoyado en un tonel.) ¿Qué pasa contigo?

SOLDADO TERCERO: Me duele la barriga.

SOLDADO SEGUNDO: Has estado bebiendo agua.

SOLDADO PRIMERO: Prueba un poco de tinto.

SOLDADO TERCERO: No puedo beber esa porquería. Me da dolor de barriga.

SOLDADO PRIMERO: Llevas aquí demasiado tiempo.

SOLDADO TERCERO: Demonios ¿te crees que no lo sé?

SOLDADO PRIMERO: Dime, George, ¿puedes darle algo a este caballero para curarle la tripa?

TABERNERO JUDÍO: Lo tengo aquí mismo.

(El soldado tercero prueba la copa que el tabernero le ha preparado.)

SOLDADO TERCERO: Eh, ¿qué le has echado, mierda de camello?

TABERNERO: Bébaselo todo, teniente. Esto lo curará.

SOLDADO TERCERO: Bueno, pero no puedo estar peor.

SOLDADO PRIMERO: Vamos, arriésgate. El otro día George me dejó como nuevo.

TABERNERO: Usted se encontraba mal teniente. Sé cómo curar un dolor de tripa.

(El soldado tercero bebe de la copa.)

SOLDADO TERCERO: Dios mío. (Hace una mueca.)

SOLDADO SEGUNDO: ¡Esa alarma falsa!

SOLDADO PRIMERO: Oh, no lo sé. Yo creo que hoy se ha comportado.

SOLDADO SEGUNDO:¿Por qué no se bajó de la cruz?

SOLDADO PRIMERO: No quería bajarse de la cruz. No es su estilo.

SOLDADO SEGUNDO: Enséñame a alguien que no quiera bajarse de la cruz.

SOLDADO PRIMERO: Demonios, tú no sabes nada. Pregúntale a George. ¿Quería bajarse de la cruz, George?

TABERNERO: Debo decirles, caballeros, que yo no estaba allí. Eso no ha despertado mi interés.

SOLDADO SEGUNDO: Escucha, yo veo a muchos de esos… aquí y en otros lugares. En cuanto me enseñes a uno que no quiera bajarse de la cruz cuando llegue el momento, y me refiero a cuando llegue el momento, me subo con él.

SOLDADO PRIMERO: Yo creo que hoy se ha comportado.

SOLDADO TERCERO: Se ha comportado.

SOLDADO SEGUNDO: Ustedes no saben de lo que hablo. No estoy diciendo si se ha comportado o no. Me refiero a cuando llega el momento. Cuando te clavan el primer clavo, cualquiera de ellos lo pararía si pudiera.

SOLDADO PRIMERO: ¿Tú lo seguiste, George?

TABERNERO: No, no me interesaba, teniente.

SOLDADO PRIMERO: Me sorprendió su comportamiento.

SOLDADO TERCERO: Lo que no me gusta es que tengan que clavarlos. Eso debe de hacerte mucho daño.

SOLDADO SEGUNDO: Eso no es nada comparado con cuando los levantan. (Hace el gesto de levantar con las dos manos juntas.) Cuando empiezan a sentir el peso de su propio cuerpo. Eso es lo que los destroza.

SOLDADO TERCERO: Algunos se ponen muy mal.

SOLDADO PRIMERO: ¿Es que no los he visto? Por eso digo que hoy se ha comportado.

(El soldado segundo romano sonríe al tabernero hebreo.)

SOLDADO SEGUNDO: Eres un auténtico seguidor de Jesucristo.

SOLDADO PRIMERO: Muy bien, venga, métete con él. Pero deja que te diga una cosa. Hoy se ha comportado.

SOLDADO SEGUNDO: ¿Qué me dices de un poco más de vino?

(El tabernero levanta la cabeza, expectante. El soldado tercero está sentado con la cabeza gacha. No tiene muy buen aspecto.)

SOLDADO TERCERO: No quiero más.

SOLDADO SEGUNDO: Solo para dos, George.

(El tabernero saca una jarra de vino de tamaño menor que la anterior. Se inclina sobre la barra.)

SOLDADO PRIMERO: ¿Viste a su chica?

SOLDADO SEGUNDO: ¿No estaba yo a su lado?

SOLDADO PRIMERO: Es guapa.

SOLDADO SEGUNDO: La conocí antes que él. (Le guiña el ojo al tabernero.)

SOLDADO PRIMERO: La veía a menudo rondar por la ciudad.

SOLDADO SEGUNDO: Solía tener mucha clientela. Él no le trajo buena suerte.

SOLDADO PRIMERO: Oh, él no tiene suerte. Pero hoy se ha comportado.

SOLDADO SEGUNDO: ¿Qué ha pasado con su grupo?

SOLDADO PRIMERO: Bah, han desaparecido . Solo las mujeres se han quedado a su lado.

SOLDADO SEGUNDO: Bastante cobardes eran todos. Cuando lo han visto allá arriba no han querido saber nada de él.

SOLDADO PRIMERO: Las mujeres se han quedado a su lado.

SOLDADO SEGUNDO: Eso sí, las mujeres se han quedado a su lado.

SOLDADO PRIMERO: ¿Viste cómo le clavé la lanza?

SOLDADO SEGUNDO: Un día te meterás en un lío por hacer eso.

SOLDADO PRIMERO: Era lo menos que podía hacer por él. Te diré que en mi opinión hoy se ha comportado.

TABERNERO HEBREO: Caballeros, tengo que cerrar.

SOLDADO PRIMERO: Tomaremos la última ronda.

SOLDADO SEGUNDO: ¿Para qué? Eso no te va a servir de nada. Vengan, vámonos.

SOLDADO PRIMERO: Solo una ronda más.

SOLDADO TERCERO (Levantándose del tonel): No, vámonos. Esta noche me siento fatal.

SOLDADO PRIMERO: Solo una más.

SOLDADO SEGUNDO: No, vámonos. Nos marchamos. Buenas noches, George. Ponlo en la cuenta.

TABERNERO: Buenas noches, señores. (Pone cierta cara de preocupación.) ¿Y no podría darme un anticipo, teniente?

SOLDADO SEGUNDO: ¡Qué demonios, George! El miércoles es día de paga.

TABERNERO: Muy bien, teniente. Buenas noches, caballeros.

(Los tres soldados romanos salen a la calle.)
(En la calle.)

SOLDADO SEGUNDO: George es un judío como todos los demás.

SOLDADO PRIMERO: Vamos, George es un buen tipo.

SOLDADO SEGUNDO: Esta noche para ti todos son buenos tipos.

SOLDADO TERCERO: Bueno, volvamos a los barracones. Esta noche me encuentro fatal.

SOLDADO SEGUNDO: Llevas aquí demasiado tiempo.

SOLDADO TERCERO: No, no es eso. Me siento fatal.

SOLDADO SEGUNDO: Llevas aquí demasiado tiempo. Eso es todo.

LA BÚSQUEDA COMO FELICIDAD

Ese año habíamos planeado pescar marlín en la costa cubana durante un mes. El mes comenzó el 10 de abril y para el 10 de mayo teníamos veinticinco marlines y el alquiler del bote se había terminado. Lo que habría hecho entonces habría sido comprar algunos regalos para llevarlos a Key West y llenar el Anita con un poco más de la costosa gasolina cubana de lo necesario para cruzar, obtener la autorización y volver a casa. Pero el pez grande todavía no se había mostrado.

—¿Quieres probar otro mes, Cap? —preguntó el señor Josie. Él era dueño del Anita y lo alquilaba por diez dólares al día. El precio estándar del contrato era de treinta y cinco por día—. Si quieres quedarte, puedo reducirla a nueve dólares.

—¿Dónde obtendríamos los nueve dólares?

—Me pagas cuando lo tengas. Tienes un buen crédito con la Standard Oil Company en Belot al otro lado de la bahía, y cuando recibamos la cuenta, puedo pagarles con el dinero del alquiler del mes pasado. Si tenemos mal tiempo, puedes escribir algo.

—Está bien —dije, y pescamos otro mes. Para entonces teníamos cuarenta y dos marlines y todavía no habían llegado los grandes. Había una corriente oscura y pesada cerca del Morro, a veces había acres de carnada, y peces voladores que salían de debajo de la proa y pájaros que trabajaban todo el tiempo. Pero no habíamos pescado a ninguno de los enormes marlines, aunque atrapábamos o perdíamos marlines blancos todos los días, incluso un día atrapé cinco.

Fuimos muy populares a lo largo de la costa porque fileteamos a todos nuestros pescados y los regalamos, y cuando pasamos por el Castillo del Morro y subimos por el canal hacia los muelles de San Francisco con una bandera de marlín izada, pudimos ver a la multitud comenzar a correr hacia los muelles. El pescado valía entre ocho y doce centavos por libra ese año para un pescador, el doble en el mercado. El día que entramos con cinco banderas, la policía tuvo que cargar contra la multitud con palos. Fue feo y malo. Pero ese fue un año feo y malo en tierra.

—La maldita policía que espanta a nuestros clientes habituales y consigue todos los pescados —dijo Josie—. Al diablo contigo —le dijo a un policía que estaba buscando un trozo de marlín de diez libras—. Nunca había visto una cara tan fea. ¿Cuál es tu nombre?

El policía le dio su nombre.

—¿Está en el libro de compromisos, Cap?

—No.

El libro de compromisos era donde escribimos los nombres de las personas a quienes les habíamos prometido pescado.

—Escríbelo en el libro de compromisos para la próxima semana por una pequeña pieza, Cap —dijo Josie—. Ahora, policía, vete de aquí y golpea a alguien que no sea amigo nuestro. He visto suficientes malditos policías en mi vida. Sigue. Coge el garrote y la pistola y sal del muelle a menos que seas un policía de muelle.

Finalmente, el pescado fue fileteado y repartido según el libro y el libro estaba lleno de promesas para la próxima semana.

—Tú ve hasta Ambos Mundos y lávate, Cap. Dúchate y te veré allí. Luego podemos ir al Floridita y hablar de algunas cosas. Ese policía me alteró los nervios.

—Tú vienes y te duchas también.

—No. Puedo limpiarme bien aquí. No sudé tanto como tú lo hiciste hoy.

Así que caminé por la calle adoquinada que era un acceso directo al Hotel Ambos Mundos y verifiqué si tenía algún correo en el escritorio y luego subí en el ascensor hasta el piso superior. Mi habitación estaba en la esquina noreste y el viento alisio sopló a través de las ventanas y trajo un poco de fresco. Miré por la ventana sobre los tejados de la parte antigua de la ciudad y al otro lado del puerto y vi al Orizaba salir lentamente por el puerto con todas sus luces encendidas. Estaba cansado de trabajar con tantos pescados y tenía ganas de acostarme. Pero sabía que si me acostaba podría dormirme, así que me senté en la cama y miré por la ventana y vi a los murciélagos cazando y luego, finalmente, me desnudé y me di una ducha, me puse algo de ropa limpia y bajé las escaleras. El señor Josie estaba esperando en la puerta del hotel.

—Debes estar cansado, Ernest —dijo.

—No —mentí.

—Estoy cansado —dijo—. Solo de verte sacar peces. Estuvimos solo dos bajo nuestro récord histórico. Siete y el ojo de un octavo—. Ni al señor Josie ni a mí nos gustaba pensar en el ojo del octavo pez, pero siempre declaramos el registro de esta manera.

Estábamos subiendo por las angostas veredas de la calle Obispo y el señor Josie estaba mirando todas las ventanas iluminadas de las tiendas. Él nunca compró nada hasta que era hora de volver a casa. Pero le gustaba mirar todo lo que estaba en venta. Pasamos las dos últimas tiendas y la taquilla de lotería y abrimos la puerta batiente del viejo Floridita.

—Será mejor que te sientes, Cap —dijo el señor Josie.

—No. Me siento mejor de pie en el bar.

—Cerveza —dijo el señor Josie—. Cerveza alemana. ¿Qué bebes, Cap?

—Daiquiri congelado sin azúcar.

Constante preparó el daiquiri y dejó lo suficiente en la coctelera para dos más. Estaba esperando que el señor Josie sacara el tema. Lo sacó tan pronto como llegó su cerveza.

—Carlos dice que tienen que venir este próximo mes —dijo. Carlos era nuestro compañero cubano y un gran pescador comercial de marlín—. Dice que nunca vio una corriente así y que cuando lleguen serán algo como nunca hemos visto. Dice que tenemos que venir.

—Él también me lo dijo.

—Si quieres probar otro mes, Cap, puedo ahorrar ocho dólares al día y cocinar, en lugar de gastar dinero en sándwiches. Podemos ir a la cala para almorzar y cocinaré allí. Pescamos esos bonitos de rayas onduladas todo el tiempo. Son tan buenos como el atún pequeño. Carlos dice que puede conseguir cosas baratas en el mercado cuando va por el cebo. Luego podremos cenar en el restaurante Perla de San Francisco. Comí bien allí anoche por treinta y cinco centavos.

—No comí anoche y ahorré dinero.

—Tienes que comer, Cap. Tal vez por eso estás un poco cansado hoy.

—Lo sé. ¿Pero estás seguro de que quieres probar otro mes?

—No debería estar amarrado por otro mes. ¿Por qué deberíamos dejarlo cuando los grandes están viniendo?

—¿Hay algo prefieras hacer?

—No. ¿y tú?

—¿Crees que realmente vendrán?

—Carlos dice que tienen que venir.

—Entonces supongamos que enganchamos uno y no podemos manejarlo con el aparejo que tenemos.

—Tenemos que manejarlo. Puedes quedarte con él para siempre si comes bien. Y vamos a comer bien. Entonces he estado pensando en otra cosa.

—¿Qué?

—Si te acuestas temprano y no tienes vida social, puedes despertarte a la luz del día y comenzar a escribir y puedes terminar el trabajo de un día a las ocho en punto. Carlos y yo tendremos todo listo para ir, y tú solo tienes que subir a bordo.

—Bien —dije—. Sin vida social.

—Esa vida social es lo que te desgasta, Cap. Pero no me refiero a nada en absoluto. Solo hazlo los sábados por la noche.

—Bien —dije—. Vida social solo los sábados por la noche. Ahora, ¿qué me sugieres que escriba?

—Eso depende de ti, Cap. No quiero interferir con eso. Siempre lo hiciste bien cuando trabajaste.

—¿Qué te gustaría leer?

—¿Por qué no escribes buenas historias cortas sobre Europa o el oeste o cuando estabas en esa mierda de guerra o ese tipo de cosas? ¿Por qué no escribes sobre cosas que tú y yo sabemos? Escribe algo sobre lo que el Anita ha visto. Podrías poner suficiente vida social para que sea atractiva para todos.

—Me estoy despidiendo de la vida social.

—Claro, Cap. Pero tienes mucho que recordar. Despedirte no te hará daño ahora.

—No —dije yo—. Muchas gracias, señor Josie. Empezaré a trabajar por la mañana.

—Lo que creo que deberíamos hacer antes de comenzar con el nuevo sistema es que comas un filete grande y jugoso esta noche para que estés fuerte mañana y te despiertes queriendo trabajar y estar en forma para pescar. Carlos dice que los grandes pueden venir en cualquier momento. Cap, tienes que estar en tu mejor forma para ellos.

—¿Crees que uno más de estos me haría algún daño?

—Claro que no, Cap. Todo lo que tienen es ron y un poco de jugo de lima y marrasquino. Eso no va a lastimar a un hombre.

En ese momento, dos chicas que conocíamos entraron en el bar. Eran chicas muy bonitas y apenas comenzaban la noche.

—Los pescadores —dijo una en español.

—Los dos grandes pescadores sanos del mar —dijo la otra muchacha.

—SVS —me dijo el señor Josie.

—Sin vida social —confirmé.

—¿Tienes secretos? —preguntó una de las chicas. Era extremadamente bonita y, en su perfil, no se podía ver la leve imperfección donde la mano derecha de algún amigo reciente había estropeado la pureza de la línea de su nariz bastante hermosa.

—Cap y yo estamos hablando de negocios —dijo el señor Josie a las dos chicas, y bajaron al otro extremo del bar—. ¿Ves lo fácil que es? —

dijo el señor Josie—. Me encargaré de lo social y todo lo que tienes que hacer es levantarte temprano por la mañana y escribir y estar en forma para pescar. Gran pez. Del tipo que puede superar las mil libras.

—¿Por qué no negociamos? —dije—. Me encargaré de la parte social y te levantarás temprano en la mañana y escribirás y te pondrás en forma para pescar peces grandes que pueden llegar a pesar más de mil libras.

—Me alegraría, Cap —dijo el señor Josie con seriedad—. Pero entre los dos, tú eres el que puede escribir. Eres más joven que yo y estás mejor preparado para manejar el pez. Estoy poniendo el bote a punto, me imagino el deterioro del motor, manejado de la manera en que lo hago yo.

—Lo sé —dije—. También intentaré escribir bien.

—Quiero estar orgulloso de ti —dijo el señor Josie—. Quiero que atrapemos al maldito marlín más grande que jamás haya nadado en el océano y seremos honestos al pesarlo y lo cortaremos y lo entreguemos a la gente pobre que conocemos y ni una sola pieza para ningún maldito policía apaleador en este país.

—Lo haremos.

En ese momento, una de las chicas nos saludó desde el otro extremo del bar. Era una noche lenta y no había nadie más que nosotros en el lugar.

—SVS —dijo el señor Josie.

—SVS —repetí ritualmente.

—Constante —dijo el señor Josie—. Ernesto aquí quiere un mesero. Vamos a pedir un par de filetes grandes y jugosos.

Constante sonrió y levantó el dedo en busca de un camarero.

Cuando pasamos cerca de las chicas para ir al comedor, una de ellas extendió la mano y yo se la estreché y susurré solemnemente en español:

—SVS.

—Dios mío —dijo la otra chica—. Están metidos en política en un año como este.

Estaban impresionadas y un poco asustadas.

Por la mañana, cuando la primera luz del día desde el otro lado de la bahía me despertó, me levanté y comencé a escribir una historia corta que esperaba que le gustara al señor Josie. Tenía el Anita y el paisaje marítimo y las cosas que sabíamos que habían sucedido y traté de sentir el mar y las cosas que vimos, olimos, escuchamos y sentimos cada día. Trabajé en la historia todas las mañanas y pescamos todos los días y atrapamos buenos peces. Entrené duro y capturé todos los peces mientras estaba de pie, en lugar de sentarme en una silla. Y aun así el gran pez no había llegado.

Un día vimos a uno remolcando el bote de un pescador comercial, con la proa del bote hundida y el marlín salpicando como una lancha rápida cada vez que saltaba. Ese se soltó. Otro día, en una tormenta de lluvia, vimos a cuatro hombres tratando de izar a uno, ancho, abismal y de un color púrpura oscuro, en un bote. Ese marlín pesó quinientas libras y luego vi los enormes filetes cortados de él en la losa de mármol del viejo mercado.

Luego, en un día soleado, con una pesada corriente oscura, con el agua tan clara y tan cerca que se podían ver los cardúmenes en la boca del puerto a diez brazas de profundidad, dimos con nuestro primer pez grande a las afueras del Morro. En aquellos días no había estabilizadores ni portacañas y solo me apoyaba en una plataforma ligera, con la esperanza de recoger un pez rey en el canal, cuando este apareciera. Salió en una oleada y su espada parecía un taco de billar acerrado. Detrás, su cabeza se veía enorme y parecía tan ancha como un bote. Luego nos pasó apresuradamente, con el sedal cortando el agua paralela al bote y el carrete vaciándose tan rápido que se puso caliente al tacto. Había cuatrocientas yardas de línea de quince hilos en el carrete y la mitad ya no estaba cuando me metí en la proa del Anita.

Llegué sosteniéndome de los agarres que habíamos construido en el techo de la cabina. Practicamos esta carrera y su escabroso camino sobre la cubierta de la proa hasta donde podías asegurarte contra el tallo de la proa del bote con los pies. Pero nunca lo habíamos practicado con un pez que te pasaba como un tren expreso cuando estás en una estación local, y con un brazo sujetando la caña, que se doblaba y se metía en el trasero, y la otra mano y ambos pies descalzos frenando en la cubierta mientras el pez te arrastraba hacia adelante.

—¡Engánchalo, Josie! —grité—. Se lo está llevando todo.

—Está enganchado, Cap. Ahí va.

Por ahora tenía un pie apoyado contra el tallo de la proa del Anita y la otra pierna contra el ancla de estribor. Carlos me sostenía por la cintura y delante de nosotros el pez estaba saltando. Parecía tan grande como un barril de vino cuando se elevó. El sol brillante se reflejaba sobre su color plateado. Pude ver las amplias franjas moradas a sus costados. Cada vez que saltaba, salpicaba como un caballo que cae de un acantilado y salta y salta y salta. El carrete estaba demasiado caliente para sostenerlo y el núcleo del sedal se estaba volviendo más y más delgado a pesar de que el Anita iba a toda velocidad detrás del pez.

—¿Puedes conseguir que dé más? —grité al señor Josie.

—No en este mundo —dijo—. ¿Qué te queda?

—Casi nada.

—Es grande —dijo Carlos—. Es el marlín más grande que he visto. Si solo se detuviera. Si solo bajara. Luego iríamos rápido hacia él y conseguiremos el sedal.

El pez hizo su primera carrera desde el Castillo del Morro hasta enfrente del Hotel Nacional. Esa es la forma en que nos movimos. Luego, con menos de veinte yardas de sedal en el carrete, se detuvo y corrimos hacia él, recuperando la línea todo el tiempo. Recuerdo que había un barco de Grace Line delante de nosotros con el bote piloto negro yendo hacia él y me preocupaba que pudiéramos estar en su curso cuando pasara. Después recuerdo haberlo visto mientras me tambaleaba y me abría camino volviendo la popa, y veía a la nave aumentar su velocidad. Venía bastante lejos de nosotros y el bote piloto tampoco nos obstaculizaría.

Entonces estaba en la silla y el pez iba para arriba y para abajo y teníamos un tercio de la línea en el carrete. Carlos había vertido agua de mar en el carrete para enfriarlo y derramó un balde de agua sobre mi cabeza y mis hombros.

—¿Cómo estás, Cap? —preguntó el señor Josie.

—Bien.

—¿No te lastimaste en la proa?

—No.

—¿Alguna vez pensaste que había un pez así?

—No.

—Grande . Grande —decía Carlos. Estaba temblando como un perro de caza, un buen perro de caza—. Nunca había visto un pez así. Nunca. Nunca. Nunca.

No lo volvimos a ver en una hora y veinte minutos. La corriente era muy fuerte y nos había llevado hasta el lado opuesto de Cojímar, que estaba a unas seis millas de donde el pez apareció por primera vez. Estaba cansado, pero mis manos y pies estaban en buena forma y ahora me estaba alineando con él con más firmeza, teniendo cuidado de no tirar bruscamente o sacudirlo. Podría moverlo ahora. No era fácil. Pero era posible si mantenías el sedal justo al límite del punto de ruptura.

—Va a venir —dijo Carlos—. A veces los grandes hacen eso y puedes arponearlos mientras todavía están serenos.

—¿Por qué vendría ahora? —pregunté.

—Está perplejo —dijo Carlos—. Y lo estás guiando. No sabe de qué se trata.

—No dejes que se entere —le dije.

—Pesará más de novecientos completo —dijo Carlos.

—Mejor no hables de más —dijo el señor Josie—. ¿No quieres engañarlo de otra forma, Cap?

—No.

Cuando lo vimos, supimos lo grande que era. No podías decir que era aterrador. Pero fue asombroso. Lo vimos lento, tranquilo y casi inmóvil en el agua con sus grandes aletas pectorales como dos largas hojas de guadaña moradas. Luego vio el bote y el sedal se disparó del carrete como si estuviéramos enganchados a un automóvil, y comenzó a saltar hacia el noroeste con el agua que brotaba de él en cada salto.

Tuve que volver a la proa y lo perseguimos hasta que apareció. Esta vez cayó casi enfrente del Morro. Luego volví a la popa de nuevo.

—¿Quieres un trago, Cap? —preguntó el señor Josie.

—No —dije—. Haz que Carlos ponga un poco de aceite en el carrete y no lo derrame y ponme a mí un poco más de agua salada.

—¿De verdad no te puedo dar nada, Cap?

—Dos manos y una espalda nueva —le dije—. El hijo de puta está tan fresco como al principio.

La siguiente vez que lo vimos fue una hora y media después, mucho más allá de Cojímar, y saltó y corrió nuevamente y tuve que ir a la proa mientras lo perseguíamos.

Cuando volví a la popa y pude volver a sentarme, el señor Josie dijo:

—¿Cómo está, Cap?

—Es el mismo de siempre. Pero no sé cuánto va a aguantar la varilla.

La varilla estaba doblada como un arco completamente estirado. Pero ahora, cuando la levanté, no se enderezó como debería.

—Todavía aguanta —dijo Josie—. Puedes quedarte con él para siempre, Cap. ¿Quieres más agua en tu cabeza?

—Ya no —le dije—. Estoy preocupado por la varilla. Su peso le ha quitado la entereza.

Una hora más tarde, el pez volvía firme y bien y estaba haciendo grandes círculos lentos.

—Está cansado —dijo Carlos—. Ahora va a ser fácil. El salto ha llenado sus bolsas de aire y no puede profundizar.

—La vara se ha roto —dije—. No se enderezará en absoluto ahora.

Eso era cierto. La punta de la varilla ahora tocaba la superficie del agua y cuando la elevaba para levantar el pez y enrollar el sedal, la caña no reaccionaba. Ya no era una vara. Era como una proyección del sedal. Todavía era posible ganar unas pulgadas de sedal cada vez que levantaba. Pero eso era todo.

El pez hacía círculos lentos y mientras se movía en la mitad saliente del círculo, sacaba sedal del carrete. En el círculo entrante, yo lo recuperaba. Pero con la caña perdida, no podía manipularlo ni tenía ningún comando sobre él.

—Es malo, Cap —le dije al señor Josie. Nos llamamos Cap indistintamente—. Si él decidiera bajar ahora para morir, nunca lo levantaríamos.

—Carlos dice que está subiendo. Afirma que atrapó tanto aire saltando que no puede profundizar y morir. Dice que esta es la forma en que los grandes siempre actúan al final cuando han saltado mucho. Lo conté saltando treinta y seis veces y tal vez me perdí algunas.

Este fue uno de los discursos más largos que le escuché al señor Josie y estaba impresionado. Justo entonces el pez grande comenzó a descender, descender y descender. Estaba frenando con ambas manos el tambor del carrete y mantenía el sedal casi al punto de corte y sentía que el metal del tambor del carrete giraba lentamente bajo mis dedos.

—¿Cómo está el tiempo? —le pregunté al señor Josie.

—Has estado con él tres horas y cincuenta minutos.

—Pensé que habías dicho que no podía bajar y morir —le dije a Carlos.

—Hemingway, tiene que venir. Sé que tiene que venir.

—Díselo —le dije.

—Dale un poco de agua, Carlos —dijo el señor Josie—. No hables, Cap.

El agua helada se sentía bien y la escupí en mis muñecas y le dije a Carlos que volcara el resto del vaso en mi nuca. El sudor saló mis hombros en lugares donde el arnés los había irritado, pero hacía tanto calor que no sentí el ardor. Era un día de julio y el sol estaba al mediodía.

—Ponle un poco más de agua salada en la cabeza —dijo Josie—. Con una esponja.

Justo entonces el pez dejó de tironear el sedal. Se quedó quieto por un momento, se sentía tan sólido como si yo estuviera enganchado a un muelle de concreto, y luego lentamente se puso en marcha. Recuperé el sedal, manejándolo solo con la muñeca, ya que no había elasticidad en la varilla y estaba tan floja como un sauce llorón.

Cuando el pez estaba a punto de llegar a una braza debajo de la superficie, para que pudiéramos verlo como una larga canoa de rayas moradas con dos grandes alas sobresalientes, comenzó a dar vueltas lentamente. Mantuve toda la tensión que pude sobre él, para tratar de acortar el círculo. Estaba soportando esa firmeza absoluta que indica la resistencia a la rotura de la línea, cuando la varilla se soltó. No se rompió bruscamente o de repente. Simplemente colapsó.

—Corta treinta brazas de sedal de la gran plataforma —le dije a Carlos—. Voy a sostenerlo en círculos y cuando esté viniendo podremos conseguir suficiente sedal para unirla a la línea grande y cambiaré las varillas.

Ya no se trataba de atrapar el pez como una marca mundial o cualquier otro tipo de récord, ya que la varilla estaba rota. Pero ahora era un pez vapuleado y con el equipo pesado deberíamos atraparlo. El único problema era que la vara grande era demasiado rígida para el sedal de quince hilos. Ese era mi problema y tendría que resolverlo.

Carlos estaba quitando sedal blanco de treinta y seis hilos del gran carrete Hardy, midiéndola con los brazos extendidos mientras la sacaba a través de las guías de la vara y la dejaba caer sobre la cubierta. Sostuve el pez todo lo que pude con la varilla inútil y vi a Carlos cortar la línea blanca y pasar un largo trozo a través de las guías.

—Muy bien, Cap —le dije al señor Josie—. Toma este sedal ahora cuando él entre en su círculo y recoge suficiente para que Carlos pueda unir las dos líneas más rápido. Simplemente tómalo con calma.

El pez entró sostenidamente mientras giraba en su círculo y el señor Josie trajo el sedal paso a paso y se lo alcanzó a Carlos, que lo anudó a la línea blanca.

—Las tiene atadas —dijo Josie. Todavía le sobraba alrededor de una yarda de sedal verde de quince hilos y sostenía la línea viva con los dedos mientras el pez llegaba al límite interior de su círculo. Solté las manos de la varilla pequeña, la dejé y tomé la vara grande que Carlos me entregó.

—Corta cuando estés listo —le dije a Carlos. Al señor Josie le dije—: Deja que todo se desarrolle en forma suave y fácil, Cap, y haré un leve, leve arrastre hasta que tengamos la sensación.

Estaba mirando el sedal verde y al gran pez cuando Carlos cortó. Entonces escuché un grito como nunca había escuchado a un ser humano cuerdo. Era como si pudieras destilar toda la desesperación y convertirla en un sonido. Entonces vi el sedal verde que pasaba lentamente por los dedos del señor Josie y luego vi que continuaba hacia abajo, hacia abajo y fuera de la vista. Carlos había cortado el lazo equivocado de los nudos que había hecho. El pez no estaba a la vista.

—Cap —dijo el señor Josie. No se veía muy bien. Miró su reloj—. Cuatro horas y veintidós minutos —dijo.

Bajé a ver a Carlos. Había estado vomitando y le dije que no se sintiera mal, que podía pasarle a cualquiera. Su cara morena estaba desencajada y estaba hablando en voz baja y extraña, así que apenas podía escucharlo.

—Toda mi vida pescando y nunca vi un pez así, y lo hice. He arruinado tu vida y la mía.

—Diablos —le dije—. No debes decir tonterías así. Pescaremos muchos peces más grandes —aunque nunca lo hicimos.

El señor Josie y yo nos sentamos en la popa y dejamos el Anita a la deriva. Era un día encantador en el Golfo, con solo una ligera brisa, y miramos la costa con las pequeñas montañas que se veían detrás. El señor Josie estaba poniendo mercurocromo en mis hombros y mis manos, donde habían estado pegadas a la vara, y en las plantas de mis pies descalzos, donde la piel estaba irritada. Luego hizo dos whisky sours.

—¿Cómo está Carlos? —pregunté.

—Está bastante quebrado. Está acurrucado allí abajo.

—Le dije que no se culpara.

—Por supuesto. Pero está ahí abajo inculpándose.

—¿Te siguen gustando los grandes ahora? —pregunté.

—Es lo único quiero hacer —dijo Josie.

—¿La manejé bien para ti, Cap?

—Claro que sí.

—No. Dime la verdad.

—Se supone que el alquiler termine hoy. Ahora pescaré de gratis, si quieres.

—No.

—Prefiero que así sea. ¿Lo recuerdas yendo hacia el Hotel Nacional como si nada?

—Recuerdo todo sobre él.

—¿Has estado escribiendo bien, Cap? ¿No es demasiado difícil hacerlo temprano en la mañana?

—He estado escribiendo tan bien como puedo.

—Sigue así y todos estarán bien para siempre.

—Quizás no escriba mañana por mañana.

—¿Por qué?

—Mi espalda está mal.

—Tu cabeza está bien, ¿no? No escribes con la espalda.

—Me dolerán las manos.

—Demonios, puedes sostener un lápiz. En la mañana probablemente tendrás ganas de escribir.

Por extraño que parezca, trabajé bien y salimos del puerto a las ocho en punto y fue otro día perfecto, con solo una ligera brisa y la corriente cerca del Castillo del Morro, como lo había sido el día anterior. Ese día no sacamos ningún aparejo ligero cuando tocamos el agua clara. Lo habíamos hecho con demasiada frecuencia. Encarné una gran caballa, que pesaba alrededor de cuatro libras, con el equipo más grande que teníamos. Era la pesada caña Hardy y el carrete con el sedal blanco de treinta y seis hilos. Carlos había vuelto a unir las treinta brazas de sedal que había quitado el día anterior y el carrete de cinco pulgadas estaba lleno. El único problema era que la vara era demasiado rígida. En la pesca de caza mayor, una caña demasiado rígida mata al pescador, mientras que una caña que se dobla correctamente mata al pez.

Carlos solo hablaba cuando le hablaban y todavía estaba triste. No podía expresar mi pena porque me dolía demasiado y el señor Josie nunca fue un hombre sensible.

—Todo lo que ha estado haciendo durante la mañana es sacudir su maldita cabeza —dijo—. No va a traer ningún pez de vuelta de esa manera.

—¿Cómo te sientes, Cap? —pregunté.

—Me siento bien —dijo Josie—. Fui a la ciudad anoche, me senté y escuché a esa orquesta de señoritas en la plaza, bebí unas botellas de cerveza y luego fui al negocio de Donovan. Allí había un infierno.

—¿Qué clase de infierno?

—No un buen infierno. Malo. Cap, me alegro de que no estuvieras.

—Cuéntame sobre eso —dije, sosteniendo la vara hacia un lado y bien alta para que la gran caballa saltara al borde de la estela. Carlos había girado al Anita para seguir el margen de la corriente más allá de la fortaleza de Cabañas. El cilindro blanco del señuelo saltaba y rebotaba a toda velocidad y el señor Josie se había acomodado en su silla y estaba preparando otro gran cebo de caballa a su lado de la popa.

—En Donovan's había un hombre que afirmaba que era capitán de la policía secreta. Dijo que le gustaba mi cara y que mataría a cualquier hombre en el lugar por mí como regalo. Traté de calmarlo. Pero dijo que le caía bien y que quería matar a alguien para demostrarlo. Era uno de esos policías especiales de Machado. Esos policías golpeadores.

—Los conozco.

—Supongo que sí, Cap. De todos modos, me alegro de que no estuvieras allí.

—¿Qué hizo?

—Seguía queriendo matar a alguien para mostrar cuánto yo le gustaba y yo le decía que no era necesario y que solo tomara un trago y se olvidara de eso. Así que se calmaba un poco y luego quería matar a alguien otra vez.

—Debe haber sido un buen tipo.

—Cap, no valía nada. Traté de contarle sobre el pez para distraerlo. Pero él dijo: "Mierda con tu pez. Nunca tuviste ningún pez. ¿Sabes?" Entonces dije: "Bien, a la mierda con el pez. Vamos a conformarnos con eso y tú y yo nos iremos a casa". "Mierda irme a casa", dijo. "Voy a matar a alguien por ti como regalo y a la mierda con el pez. No hubo ningún pez. ¿Lo has entendido bien?" Entonces le di las buenas noches, Cap, y le di mi dinero a Donovan y este policía lo tiró al suelo y lo pisó. "No vas a tu casa un carajo", dijo. "Eres mi amigo y te vas a quedar aquí". Entonces le di las buenas noches y le dije a Donovan: "Donovan, lamento que tu dinero esté en el piso". No sabía qué intentaría hacer este policía y no me importaba. Me estaba yendo a casa. Tan pronto como intento irme, este policía saca su arma y comienza a aporrear a un pobre gallego que estaba allí bebiendo una cerveza y que nunca había abierto la boca en toda la noche. Nadie le hizo nada al policía. Yo tampoco. Estoy avergonzado, Cap.

—No te va a durar mucho —dije.

—Lo sé. Porque no puede. Pero lo que menos me gustó fue que el policía dijera que le gustaba mi cara. ¿Qué carajo tengo, Cap, que un policía así diría que le gustó?

También me gustaba mucho la cara del señor Josie. Me gustaba más que la cara de casi todos los que conocía. Me tomó mucho tiempo apreciarla porque era una cara que no había sido esculpida para un éxito rápido o fácil. Se había formado en el mar, en el lado provechoso de los bares, jugando a las cartas con otros jugadores, y en negocios de gran riesgo concebidos y emprendidos con inteligencia fría y exacta. Ninguna parte de la cara era hermosa, excepto los ojos, que eran de un azul más claro y extraño que el Mediterráneo en su día más brillante y claro. Los ojos eran maravillosos y la cara ciertamente no era hermosa y ahora parecía cuero ampollado.

—Tienes una buena cara, Cap —le dije—. Probablemente lo único bueno de ese hijo de puta es que podía verlo.

—Bueno, me voy a quedar fuera de las barras hasta que este negocio termine —dijo Josie—. Sentarse allí en la plaza con la orquesta de señoritas y esa chica que canta, estuvo bien y maravilloso. ¿Cómo te sientes realmente, Cap?

—Me siento bastante mal —le dije.

—¿Te hizo daño en la barriga? Siempre estaba preocupado cuando estabas en la proa.

—No —dije—. Es en las raíces de la espalda.

—Las manos y los pies no equivalen a gran cosa y ya vendé el arnés —dijo Josie—. No te va a rozar tanto ahora. ¿Realmente trabajaste bien, Cap?

—Claro —dije—. Es un hábito infernal para entrar y es casi tan difícil salir.

—Sé que un hábito es algo malo —dijo Josie—. Y el trabajo probablemente mata a más personas que cualquier otro hábito. Pero cuando tú lo haces, no te importa nada más.

Miré a la orilla y estábamos lejos de un horno de cal, cerca de la playa donde el agua era muy profunda y la Corriente del Golfo casi llegaba a la orilla. Había un poco de humo saliendo del horno y pude ver el polvo de un camión moviéndose a lo largo del camino de roca en la orilla. Algunas aves estaban trabajando sobre un trozo de cebo. Entonces escuché a Carlos gritar:

—¡Marlín! ¡Marlín!

Todos lo vimos al mismo tiempo. Estaba muy oscuro en el agua y, mientras lo observaba, su espada salió del agua detrás de la gran caballa. Era un pico feo, redondo, grueso y corto, y el pez detrás del pico se acrecentaba bajo la superficie.

—¡Qué se quede con ella! —gritó Carlos—. La tiene en la boca.

El señor Josie estaba recogiendo el anzuelo con el cebo y yo esperaba la tensión que significaría que el marlín realmente se había llevado la caballa.

LA CAPITAL DEL MUNDO

Hay en Madrid infinidad de muchachos llamados Paco, diminutivo de Francisco. A propósito, un chiste de sabor madrileño dice que cierto padre fue a la capital y publicó el siguiente anuncio en las columnas personales de *El Liberal*: PACO, VEN A VERME AL HOTEL MONTAÑA EL MARTES A MEDIODÍA, ESTÁS PERDONADO, PAPÁ; después de lo cual fue menester llamar a un escuadrón de la Guardia Civil para dispersar a los ochocientos jóvenes que se habían creído aludidos. Pero este Paco, que trabajaba de mozo en la Pensión Luarca, no tenía padre que le perdonase ni ningún motivo para ser perdonado por él. Sus dos hermanas mayores eran camareras en la misma casa. Habían conseguido ese empleo simplemente por haber nacido en la misma aldea que otra ex camarera de la pensión, que con su asiduidad y honradez llenó de prestigio a su tierra natal y preparó buena acogida para la gente que de allí llegase. Dichas hermanas le habían costeado el viaje en ómnibus hasta Madrid y obtenido su actual ocupación de aprendiz de mozo. En la aldea de donde provenía, situada en alguna parte de Extremadura, imperaban condiciones de vida increíblemente primitivas, los alimentos escaseaban y las comodidades eran desconocidas, y tuvo que trabajar mucho desde muy pequeño.

Se trataba de un muchacho bien formado, con cabellos muy negros y más bien crespos, dientes blancos y un cutis envidiado por sus hermanas. Además, poseía una sonrisa cordial y sencilla. Su salud era excelente, cumplía a las mil maravillas con su trabajo y amaba a sus hermanas, que parecían hermosas y avezadas al mundo. Le gustaba Madrid, que todavía era un lugar inverosímil, y también su trabajo, que llevaba a cabo entre luces resplandecientes y con camisas limpias, trajes de etiqueta y abundante comida en la cocina, todo lo cual le parecía excesivamente romántico.

Entre ocho y una docena eran las personas que vivían en la Pensión Luarca y comían en el comedor, pero Paco, el más joven de los tres mozos que atendían las mesas, sólo tenía en cuenta a los toreros, los únicos que existían para él.

También vivían en la pensión toreros de segunda clase, porque su situación en la calle San Jerónimo les convenía, además de que la comida era excelente y el alojamiento y la pensión resultaban baratos. El torero necesita la apariencia, si no de prosperidad, por lo menos de crédito, ya que el decoro y el grado de dignidad, aparte del valor, son las virtudes más apreciadas en España, y los toreros permanecían allí hasta gastar sus últimas pesetas. No existen antecedentes de que alguno de ellos hubiera abandonado la Pensión Luarca por un hotel mejor o más caro; los de segunda clase no mejoraban nunca su situación; pero la salida del Luarca se producía con rapidez ante la aplicación automática de la norma según la cual nadie que no hiciese nada podía permanecer allí ya que la mujer a cargo de la pensión únicamente presentaba la cuenta sin que se la pidieran cuando sabía que se trataba de un caso perdido.

Por entonces eran huéspedes de la pensión tres diestros, dos picadores muy buenos y un excelente banderillero. El Luarca constituía un verdadero lujo para los picadores y banderilleros, que, como tenían sus familias en Sevilla, necesitaban alojamiento en Madrid durante la estación primaveral. Pero les pagaban bien y tenían trabajo seguro, pues tal clase de subalternos escaseaban mucho aquella temporada. Por lo tanto, era probable que esos tres subalternos ganasen más que cualquiera de los tres matadores. De éstos, uno estaba enfermo y trataba de ocultarlo; otro ya había perdido la preferencia que el público le otorgó como novedad; y el tercero era un cobarde.

En cierta época, hasta que recibió una atroz cornada en la parte baja del abdomen, en su primera temporada como torero, el cobarde poseía coraje excepcional y habilidad notable y todavía conservaba muchas de las sinceras admiraciones de sus días de éxito. Era excesivamente jovial y reía constantemente, con o sin motivo. En la época de sus triunfos fue muy aficionado a las chanzas, pero ahora había perdido ésa costumbre. Estaban seguros de que ya no la conservaba. Este matador tenía un rostro inteligente y franco, y se comportaba en forma muy correcta.

El matador enfermo tenía cuidado de no revelar nunca esta circunstancia, y era minucioso en lo de comer un poco de todos los platos que servían en la mesa. Tenía gran cantidad de pañuelos, que él mismo lavaba en su cuarto, y, últimamente, vendió sus trajes de torero. Había vendido uno, por poco dinero, antes de Navidad, y otro en la primera semana de abril. Eran trajes muy caros, que siempre fueron bien conservados, y todavía le quedaba uno. Antes de ponerse enfermo fue un torero muy prometedor y hasta sensacional, y, aunque no sabía leer, tenía recortes según los cuales se lució más que Belmonte al hacer su debut en Madrid. Comía siempre solo en una mesa pequeña y pocas veces levantaba la vista del plato.

El matador que en una ocasión fue una novedad en el ambiente era muy bajo, muy moreno y muy serio. También comía solo en una mesa separada. Sonreía rara vez y nunca reía con estruendo. Era de Valladolid, donde la gente es demasiado seria, y lo consideraban un torero hábil; pero su estilo había pasado de moda antes de que hubiese podido ganar el afecto del público con sus virtudes: coraje y serena inteligencia. Por lo tanto, su nombre en un cartel no atraía público a la plaza, La novedad consistía en su baja estatura, que apenas le permitía ver más arriba de las cruces del toro, pero no era el único con esa particularidad y jamás logró conquistar el afecto del público.

De los picadores, uno tenía cara de gavilán y era canoso, delgado, pero con piernas y brazos fuertes como el acero. Siempre usaba botas de ganadero debajo de los pantalones; por las noches bebía demasiado, y en cualquier momento se detenía en la contemplación amorosa de todas las mujeres de la pensión. El otro era alto, corpulento, de cara trigueña, buen mozo, con el cabello negro como el de un indio y manos enormes. Ambos eran grandes picadores, aunque del primero se decía que había perdido gran parte de su destreza por entregarse a la bebida y a la disipación; y del segundo, que era demasiado terco y pendenciero para poder trabajar más de una temporada con cualquier matador.

El banderillero era de edad madura, canoso, ágil como un gato a pesar de sus años y, al verle sentado a la mesa, se diría estar en presencia de un próspero hombre de negocios. Sus piernas estaban todavía en buenas condiciones para aquella temporada y, mientras pudieran moverse, tenía bastante inteligencia y experiencia como para conservar el trabajo por largo tiempo. La diferencia estaría en que, cuando perdiera la rapidez de sus pies, siempre tendría miedo en los aspectos que ahora no lo inquietaban, tanto en la arena como fuera de ella.

Aquella noche, todos habían salido del comedor, excepto el picador de cara de gavilán que bebía demasiado, el subastador de relojes en las exposiciones regionales y fiestas de España, que también era muy aficionado a empinar el codo, y dos sacerdotes gallegos que estaban sentados en un rincón y bebían, si no demasiado, por lo menos bastante. En aquella época, el vino estaba incluido en el precio del alojamiento y la pensión, y los mozos acababan de traer frescas botellas de Valdepeñas a las mesas del subastador de rostro estigmatizado, luego a la del picador y, finalmente, a la de los dos curas.

Los tres camareros estaban ahora en un extremo del salón. Según el reglamento de la casa, tenían que permanecer allí hasta que abandonaran el comedor los comensales cuyas mesas atendían, pero el que tenía a su cargo la mesa de los dos sacerdotes tenía que asistir a una reunión de carácter anarcosindicalista, y Paco había aceptado reemplazarlo en sus tareas habituales.

Arriba, el matador enfermo estaba acostado boca abajo en la cama, solo. El diestro que había dejado de ser una novedad miraba por la ventana mientras se preparaba para ir al café, y el torero cobarde tenía en su cuarto a la hermana mayor de Paco y trataba de lograr de la muchacha algo a lo que ella, entre carcajadas, se negaba.

—Ven, salvajilla.

—No —dijo la mujer.

—Por favor.

—Matador —dijo ella, cerrando la puerta—. Mi matador…

Dentro de la habitación, él se sentó en la cama. Su rostro presentaba todavía la contorsión que, en la arena, transformaba en una constante sonrisa, asustando a los espectadores de las primeras filas que sabían de qué se trataba.

—Y esto —estaba diciendo en voz alta—. Toma. Y esto. Y esto.

Recordaba perfectamente la época de su plenitud, apenas hacía tres años. Recordaba el peso de la chaqueta de torero espolinada de oro sobre sus hombros, en aquella cálida tarde de mayo, cuando su voz todavía era la misma tanto en la arena como en el café. Recordaba cómo suspiró junto a la afilada hoja que pensaba clavar en la parte superior de las paletas, en la empolvada protuberancia de músculos, encima de los anchos cuernos de puntas astilladas, duros como la madera, y que estaban más bajos durante su mortal embestida. Recordaba el hundir de la espada, como si se hubiese tratado de un enorme pan de manteca; mientras la palma de la mano empujaba el pomo del arma, su brazo izquierdo se cruzaba hacia abajo, el hombro izquierdo se inclinaba hacia adelante, y el peso del cuerpo quedaba sobre la pierna izquierda… pero, en seguida, el peso de su cuerpo no descansó sobre la pierna izquierda, sino sobre el bajo vientre, y mientras el toro levantaba la cabeza él perdió de vista los cuernos y dio dos vueltas encima de ellos antes de poder desprenderse. Por eso ahora, cuando entraba a matar, lo cual ocurría muy rara vez, no podía mirar los cuernos sin perder la serenidad.

Abajo, en el comedor, el picador miraba a los curas desde su asiento. Si hubiese mujeres en el salón, a ellas hubiera dirigido su mirada. Cuando no había mujeres, observaba con placer a un extranjero, a un inglés, pero, como no había ni mujeres ni extranjeros, ahora miraba con placer e insolencia a los dos sacerdotes. Entretanto, el subastador de cara estigmatizada se puso de pie y salió después de doblar su servilleta, dejando llena hasta la mitad la botella de vino que había pedido. No terminó toda la botella porque tenía varias cuentas sin pagar en el Luarca.

Los dos curas no se fijaron en el picador, pues conversaban animadamente. Uno de ellos decía:

—Hace diez días que estoy aquí, esperando verlo. Me paso el día entero en la antesala y no quiere recibirme.

—¿Qué hay que hacer, entonces?

—Nada. ¿Qué puede hacer uno? No se puede ir en contra de la autoridad.

—He estado aquí dos semanas, y nada. Espero, pero no quieren verme.

—Venimos de la tierra abandonada. Cuando se acabe el dinero podemos volver.

—A la tierra abandonada. ¿Qué le importa a Madrid, Galicia? Somos una región pobre.

—En Madrid es donde uno aprende a comprender las cosas. Madrid mata a España.

—Si por lo menos atendieran a uno, aunque fuese para una respuesta negativa…

—No. Tiene que esperar hasta cansarse y desfallecer.

—Pues bien, ya veremos. Puedo esperar como lo hacen otros.

En este momento, el picador se puso de pie, caminó hacia la mesa de los sacerdotes y se detuvo cerca de ellos, con su pelo canoso y su cara de gavilán, mientras los miraba con una sonrisa.

—Un torero —explicó uno de los curas al otro.

—¡Y qué torero! —dijo el picador, y de inmediato salió del comedor, con la chaqueta gris, el talle ajustado, las piernas estevadas y los estrechos pantalones que cubrían sus botas de ganadero de altos tacones, que sonaron con golpes secos cuando se alejó fanfarroneando, mientras sonreía porque sí. Su mundo profesional pequeño y estrecho, era un mundo de eficiencia personal, de nocturnos triunfos alcohólicos y de insolencia. Encendió un cigarrillo y salió rumbo al café, no sin antes inclinar bien su sombrero en el zaguán.

Los curas salieron inmediatamente después del picador, dándose prisa al advertir que eran los últimos en abandonar el comedor, y entonces no quedó nadie en el salón, excepto Paco y el camarero de edad madura, que limpiaron las mesas y llevaron las botellas a la cocina.

En la cocina estaba el muchacho que lavaba los platos. Tenía tres años más que Paco y era muy cínico y mordaz.

—Toma esto —dijo el hombre mientras llenaba un vaso de Valdepeñas y se lo ofrecía.

—¿Y por qué no? —y el joven tomó el vaso.

—¿Y tú, Paco?

—Gracias —dijo éste, y los tres se pusieron a beber.

—Bueno, yo me voy —dijo el mozo viejo.

—Buenas noches —le dijeron los jóvenes.

Salió y ellos se quedaron solos. Paco tomó la servilleta que había usado uno de los curas y, erguido, con los tacones plantados, la bajó mientras seguía el movimiento con la cabeza, y con los brazos efectuó una lenta y vasta verónica. Luego se dio vuelta y, adelantando ligeramente el pie derecho, hizo el segundo pase, ganó un poco de terreno sobre el imaginario toro y realizó un tercer pase, lento, suave y perfectamente medido. Después recogió la servilleta hasta la cintura y balanceó las caderas, evitando la embestida del toro con una media verónica.

El muchacho que lavaba los platos, que se llamaba Enrique, lo observaba con un gesto de desprecio.

—¿Qué tal es el toro? —preguntó.

—Muy bravo —dijo Paco—. Mira.

Y, deteniéndose, erguido y esbelto, hizo cuatro pases más, perfectos, suaves, elegantes y graciosos.

—¿Y el toro? —preguntó Enrique, apoyado en el fregadero. Tenía puesto el delantal y todavía no había terminado su vaso de vino.

—Tiene gasolina para rato —contestó el otro.

—Me das lástima —dijo Enrique.

–¿Por qué? ¿Está mal?

—Fíjate.

Enrique se quitó el delantal y, mientras señalaba al toro imaginario, esculpió cuatro gigantescas verónicas perfectas y lánguidas, y terminó con una rebolera que hizo girar el delantal sobre el hocico del toro mientras se alejaba de él.

—¿Qué te parece? —concluyó—. ¡Y pensar que tengo que ganarme la vida lavando platos!

—¿Por qué?

—Por el miedo. El mismo miedo que tendrías tú al encontrarte en la arena frente a un toro.

—No —replicó Paco—. Yo no tendría miedo.

—¡Bah! Todos tienen miedo. Pero un torero puede dominar ese miedo y vencer al toro. Cierta vez intervine en una lidia de aficionados y tuve tanto miedo que escapé corriendo. Todos creían que sería algo muy divertido. Tú también te asustarías. Si no fuera por el miedo, cualquier limpiabotas de España sería torero. Y tú, un muchacho del campo, te asustarías más que yo..

—No —dijo Paco.

En su imaginación lo había hecho muchísimas veces. Infinidad de veces vio los cuernos, el hocico húmedo del toro, las orejas crispadas y luego cómo agachaba la cabeza para la embestida. Oía el golpe seco de los cascos del animal. Lo veía pasar a su lado mientras él balanceaba la capa. Vio la nueva embestida y volvió a balancear la capa, y luego una y otra vez, para concluir mareando al animal con su gran media verónica y alejándose con oscilaciones de las caderas, con pelos del toro que se habían prendido de los adornos de oro de su chaqueta en los pases más ajustados. El toro había quedado hipnotizado y la multitud aplaudía con entusiasmo… No, no tendría miedo. Otros podían sentirlo, pero él no. Sabía que iba a ser así. Aunque siempre hubiera tenido miedo, estaba seguro de que podría hacerlo con toda calma. Tenía confianza.

—Yo no tendría miedo —repitió.

—¡Bah! —volvió a exclamar Enrique, y después de una pausa agregó—: ¿Y si hiciéramos la prueba?

—¿Cómo?

—Mira —explicó el lavador de platos—. Tú piensas siempre en el toro, pero te olvidas de los cuernos. El toro tiene tanta fuerza que los cuernos cortan como un cuchillo, se clavan como una bayoneta y matan como un garrote. Mira —y al decir esto abrió un cajón de la mesa y sacó dos cuchillas de cortar carne—. Las ataré a las patas de una silla. Luego haré de toro poniéndola delante de mi cabeza. Imaginémonos que las cuchillas son los cuernos. Si logras hacer esos pases, puedes ser considerado una cosa seria.

—Préstame tu delantal. Lo haremos en el comedor.

—No —dijo Enrique, despojándose repentinamente de su amargura habitual—. No lo hagas, Paco.

—Sí. No tengo miedo.

—Pero lo tendrás, cuando veas cómo se acercan las cuchillas…

—Ya veremos —concluyó Paco—. Dame el delantal.

Y Enrique empezó a atar las dos cuchillas de hoja gruesa y afilada como la de una navaja a las patas de la silla, utilizando dos servilletas sucias que arrollaba a la altura de la mitad de cada cuchilla, apretándolas lo más fuerte que le era posible.

Entretanto, las dos camareras, hermanas de Paco, se dirigían al cine para ver a Greta Garbo en «Anna Christie». De los dos sacerdotes, uno estaba sentado leyendo su breviario, y el otro rezaba el rosario. Todos los toreros de la pensión, excepto el que se encontraba enfermo, habían hecho ya su aparición nocturna en el café Fornos, donde el picador corpulento y de cabellos negros jugaba al billar, y el matador bajo y respetuoso se hallaba delante de una taza de café con leche en una mesa muy concurrida, al lado del banderillero y de unos obreros serios.

El picador canoso dado a la bebida, tenía un vaso de brandy cazalás y observaba con placer la mesa ocupada por el matador que ya había perdido el coraje, otro que renunciaba a la espada para ser de nuevo banderillero y dos viejas prostitutas.

Por su parte, el subastador estaba charlando con varios amigos en la esquina; el camarero alto estaba en la reunión anarco—sindicalista, esperando con ansiedad la ocasión de hacer uso de la palabra, y el mayor de los camareros se encontraba sentado en la terraza del Café Álvarez, bebiendo una copa de cerveza. En cuanto a la dueña de la Pensión Luarca, dormía ya, boca arriba, con el almohadón entre las piernas. Era una mujer alta, gorda, honrada, limpia, tranquila y muy religiosa. Todavía añoraba a su marido y no dejaba de rezar por él todos los días, a pesar de que hacía veinte años que había muerto. El matador enfermo continuaba en su cuarto, solo, acostado boca abajo, con un pañuelo en la boca.

En el desierto comedor, Enrique estaba haciendo el último nudo en las servilletas que ataban las cuchillas a las patas de la silla. Después dirigió las patas hacia adelante y sostuvo la silla sobre su cabeza, a cada lado de la cual apuntaba una de las afiladas cuchillas.

—Pesa mucho —dijo—. Mira, Paco, va a ser muy peligroso. No lo hagas.

Estaba sudando…

Frente a él, Paco sostenía el delantal extendido, con un pliegue en cada mano, con los pulgares arriba y los índices hacia abajo, esperando la carga de la imaginaria bestia.

—Avanza en línea recta —indicó—. Luego vuélvete como hace el toro. Y hazlo todas las veces que quieras.

—¿Y cómo sabrás cuándo cortar el pase? —preguntó Enrique—. Es mejor hacer tres y después una media.

—Entendido. Pero, ¿qué esperas? ¡Eh, torito! ¡Ven, torito!

Con la cabeza gacha, Enrique corrió hacia él, y Paco balanceó el delantal junto a la afilada cuchilla, que pasó muy cerca de su vientre, negro y liso, de puntas blancas, y cuando Enrique se dio vuelta para volver a atropellar, vio la masa cubierta de sangre del toro y oyó el golpe de los cascos que pasaban a su lado, y, ágil como un gato, retiró la capa, dejando que aquél siguiera su carrera. Enrique preparó entonces una nueva embestida y esta vez, mientras calculaba la distancia, Paco adelantó demasiado su pie izquierdo —cosa de dos o tres pulgadas— , y la cuchilla penetró en su cuerpo con la misma facilidad que si se hubiese tratado de un odre. Entonces sintió un calor nauseabundo junto con la fría rigidez del acero. Al mismo tiempo oyó que Enrique gritaba:

—¡Ay! ¡Ay! ¡Déjame que lo saque! ¡Déjame sacártelo!

Paco cayó hacia adelante, sobre la silla, sosteniendo todavía en sus manos el delantal convertido en capa. Enrique, en su afán de separar al compañero, empujaba la silla, y la cuchilla se hundía en él, en él, en Paco...

Por fin salió, y él se sentó sobre el piso, en el charco caliente que se agrandaba cada vez más.

—Ponte la servilleta encima. ¡Fuerte! —dijo Enrique—. Aprieta bien. Iré corriendo en busca del médico. Debes contener la hemorragia.

—Haría falta una ventosa de goma —respondió Paco, que había visto usar eso en la arena.

—Yo atropellé en línea recta —balbuceó Enrique, sollozando—. Lo único que quería era mostrarte el peligro...

—No te preocupes —la voz de Paco parecía lejana—, pero trae el médico.

En la arena, cuando alguien resulta herido, lo levantan y lo llevan corriendo a la sala de operaciones. Si la arteria femoral se vacía antes de llegar, llaman al sacerdote...

—Avisa a uno de los curas —continuó Paco, que sostenía la servilleta con todas sus fuerzas contra la parte baja del abdomen. No podía creer que le hubiera ocurrido aquello.

Pero Enrique ya estaba en la calle San Jerónimo y se dirigía corriendo hacia el dispensario de urgencia. Paco se quedó solo. Primero se levantó, pero el dolor lo hizo caer de nuevo, y permaneció en el suelo hasta lanzar el último suspiro, sintiendo que su vida se escapaba como el agua sucia sale de la bañera cuando uno levanta el tapón. Estaba asustado, y, al sentirse desfallecer, trató de decir una frase de contrición. Recordaba el comienzo, pero apenas pronunció, con la mayor rapidez posible: «¡Oh, Dios mío! Me arrepiento sinceramente de haberte ofendido, a Ti, que mereces todo mi amor, y resuelvo firmemente...»; se sintió ya demasiado débil y cayó boca abajo sobre el piso, expirando en pocos segundos. Una arteria femoral herida se vacía más pronto de lo que uno piensa.

Mientras el médico del dispensario subía por la escalera acompañado por el agente de policía, que llevaba del brazo a Enrique, las dos hermanas de Paco estaban en el monumental cinematógrafo de la Gran Vía. La película de la Garbo les deparó una gran desilusión. Nadie quedó conforme con el mísero papel de la gran estrella, pues estaban acostumbrados a verla siempre rodeada de gran lujo y esplendor. Los espectadores demostraban su desagrado mediante silbidos y pateos. Los otros habitantes del hotel estaban haciendo casi exactamente lo mismo que cuando ocurrió el accidente, excepto los dos curas, que habían terminado sus devociones y se preparaban para ir a dormir, y el canoso picador, que trasladó su copa a la mesa ocupada por las dos viejas prostitutas. Un poco más tarde salió del café con una de ellas: la que había acompañado en la borrachera al matador que perdiera el coraje.

Y el joven Paco no se enteró nunca de esto ni de lo que aquella gente iba a hacer al día siguiente. Ni se imaginaba cómo vivían, en realidad, ni cómo terminarían sus existencias. Murió, como dice la frase española, lleno de ilusiones. No había tenido tiempo en su vida para perder ninguna de ellas, ni siquiera, al final, para completar un acto de contrición.

Tampoco tuvo tiempo para desilusionarse por la película de Greta Garbo, que defraudó a todo Madrid durante una semana.

MI VIEJO

Ahora, al mirarlo, creo que mi padre nació para ser un tipo gordo, uno de esos gordinflones corrientes que se ven por todos lados. Claro está que nunca estuvo así, excepto al final, y entonces no tuvo la culpa, pues solo efectuaba carreras de obstáculos y le convenía pesar más. Recuerdo el tiempo en que se ponía la chaqueta encima de un par de suéteres, y luego otro enorme suéter, antes de salir a correr conmigo bajo el fuerte sol de la mañana. A veces, en las primeras horas del día, ensayaba con uno de los animales de Razzo, después de llegar de Turín a las cuatro de la madrugada y llevarlo en coche a los establos. Cuando el rocío lo cubría todo y el sol empezaba a salir, yo lo ayudaba a quitarse las botas y él se ponía un par de zapatos de goma y todos aquellos suéteres, y entonces nos íbamos.

—Vamos, muchacho —me decía, paseándose de un lado a otro frente al vestuario de los *jockeys*—; ya es hora.

Solíamos ir al trote por el terreno cercado hasta la puerta. De allí nos dirigíamos a uno de esos caminos que salen de San Siro con árboles a los lados. Yo le pasaba al llegar al camino, pues corría bastante bien. De vez en cuando miraba hacia atrás y lo veía siguiéndome al trote. Después de un rato miraba otra vez y veía que empezaba a sudar. Sin embargo, el sudor no le impedía continuar la carrera con los ojos fijos en mi espalda, y cuando yo lo miraba sonreía diciéndome: "¿Mucho sudor?" Mi padre tenía una sonrisa contagiosa. Corríamos a toda velocidad hacia las montañas, hasta que mi padre gritaba: "¡Eh, Joe!", y yo lo veía sentado bajo un árbol, con la toalla que llevaba en la cintura atada al cuello.

Entonces retrocedía y me sentaba a su lado. Él sacaba una cuerda de su bolsillo y comenzaba a saltar con ella, mientras el sudor le llenaba el rostro. Continuaba saltando con la cuerda entre el polvo y bajo el sol. La soga hacía "clop, clop, clop", y el sol calentaba cada vez más, y él recorría parte del camino efectuando sus ejercicios. ¡Ah! Era un placer ver saltar a mi padre con la cuerda. Podía manejarla con rapidez o con lentitud. ¡Vaya! Y había que ver a los italianos que nos observaban al pasar rumbo a la ciudad caminando al lado de los grandes bueyes que arrastraban el carro. No hay duda de que al mirar al viejo pensaban que estaba chiflado. Saltaba con tanta velocidad que se detenían a contemplarlo, y después de un instante empujaban a los bueyes con la garrocha, azuzándolos con gritos, y se ponían de nuevo en marcha.

Le quería aún más cuando me sentaba a contemplar sus ejercicios. Los llevaba a cabo de un modo rítmico y terminaba con un salto regular que le llenaba la cara de sudor como si fuese agua. Después colgaba la cuerda de un árbol y venía a sentarse conmigo. Se recostaba contra el árbol y se envolvía el cuello con la toalla y uno de los suéteres.

—Te aseguro que no hay cosa peor que quemar grasas, Joe —decía mientras cerraba los ojos y respiraba larga y profundamente—; no es lo mismo hacer estos ejercicios a mi edad que cuando uno es joven.

Luego se levantaba y antes de enfriarse volvíamos al trote a los establos. De ese modo evitaba la obesidad, que le había preocupado siempre. Era una obsesión. Casi todos los *jockeys* pueden montar cualquier caballo. El jinete pierde más o menos un kilo cada vez que corre, pero eso no le hacía ningún efecto a mi padre, que para rebajar peso debía realizar muchos más ejercicios.

Recuerdo que una vez, en San Siro, un pequeño italiano llamado Rogeli, que montaba los caballos de Buzoni, atravesó el potrero rumbo al bar con el propósito de tomar algo fresco. Al caminar se golpeaba ligeramente las botas con el látigo. Acababa de pesarse. Mi padre hizo lo mismo y salió tras él con la silla bajo el brazo. Daba la impresión de estar cansado y que las prendas de seda le estaban pequeñas. Se detuvo para mirar al joven Rogeli, que estaba junto al bar al aire libre, fresco y con su cara de inocente. Yo le dije: "¿Qué pasa, papá?"; porque pensé que, a lo mejor, Rogeli lo había golpeado o algo por el estilo. Sin apartar la vista de Rogeli, él me contestó: "¡Oh! ¡Que se vaya al diablo!", y continuó su camino hacia el vestuario.

Bueno; quizá todo hubiera ido muy bien si nos hubiésemos quedado en Milán para correr allí y en Turín, pues aunque no había nunca carreras fáciles, por lo menos eran dos sitios para tentar suerte.

—Pianola, Joe —dijo mi padre cuando desmontó en el establo del ganado después de la carrera de obstáculos que, según los italianos, era una carrera del demonio—. Es una cosa fácil. Lo que hace peligrosas las carreras de obstáculos, Joe, es el modo de correr. Aquí eso no cuenta y los obstáculos tampoco son difíciles. Pero el inconveniente reside siempre en el modo de correr, nada más.

San Siro era el mejor hipódromo que había visto en mi vida, pero mi padre decía que hacía una vida de perro, yendo y viniendo de Mirafiore a San Siro y cabalgando casi todos los días de la semana, además del viaje en tren cada dos noches.

Yo también estaba loco por las carreras. Se experimenta una rara sensación cuando los caballos aparecen en la pista y se dirigen a la raya de largada, y los jockeys van bien firmes en sus monturas, a veces soltando un poco los frenos para que los animales corran un rato. Después, cuando llegaban a la barrera, yo me encontraba peor que nunca. De un modo especial en San Siro, por las características del terreno y el panorama de las montañas que se levantaba a lo lejos. Además del gordo *starter* italiano con su enorme látigo, y los jinetes que buscaban donde colocarse. Y después, al sonar la campana, la barrera se levantaba de golpe y todos salían en tropel, distanciándose después poco a poco. Todo el mundo sabe cómo salen los competidores, ¿verdad? Si uno está arriba, en la tribuna, con un par de gemelos, lo único que ve son los animales hocicando, hasta que se oye la campana, que parece sonar por mil años, y en seguida los vuelve a ver doblando la curva. Para mí no había nada que se pudiese comparar con aquello.

Pero mi padre dijo un día, en los vestuarios, mientras se ponía la ropa de calle:

—A esos no se les puede llamar caballos, Joe. En París los liquidarían por el precio del cuero y sus cascos.

Aquel fue el día en que ganó el premio "Commercio" con Lontorna, logrando destacarse del resto en los últimos cien metros igual que si estuviera sacando el corcho de una botella.

Casi inmediatamente después del premio "Commercio" abandonamos Italia. Mi padre, Holbrook y un italiano gordo con sombrero de paja, que se secaba continuamente la cara con el pañuelo, discutían en francés en una mesa de la Gallería. Ambos protestaban por algo contra mi padre, hasta que, al final, él se calló la boca y permaneció sentado mirando a Holbrook.

Los otros prosiguieron reclamando. Primero hablaba uno y después el otro y el italiano gordo interrumpía siempre a Holbrook.

— ¿Quieres salir y comprarme el *Sportsman*, Joe? —dijo mi padre, dándome un par de soldi sin dejar de mirar a Holbrook.

Entonces salí de la Gallería y compré el periódico frente al Scala. Luego regresé y me detuve a cierta distancia, porque no quería entrometerme. Mi padre se encontraba recostado en la silla, mirando la taza de café y jugueteando con la cuchara. Holbrook y su corpulento acompañante estaban de pie. El italiano se secaba el rostro y sacudía la cabeza. Yo me acerqué, y mi padre procedió entonces como si estuviese solo, como si los otros no hubiesen estado junto a la mesa, preguntándome:

—¿Quieres tomar un helado, Joe?

Holbrook lo miró y pronunció con lentitud y cierto énfasis:

—¡Hijo de perra! —y él y el italiano gordo se alejaron entre las mesas.

Mi padre se quedó sentado y ensayó una sonrisa, pero su cara palideció con un gesto del demonio. Yo tuve miedo y experimenté una desagradable situación porque advertí que algo había ocurrido y me resultaba imposible comprender que alguien llamara hijo de perra a mi padre y se fuera tan tranquilamente. Mi padre abrió el *Sportsman* y estudió los hándicaps durante un momento. Finalmente, dijo:

—Hay que aguantar muchas cosas en este mundo, Joe.

Tres días después nos fuimos de Milán para siempre, en el tren de Turín a París. Con anterioridad, realizamos frente a la caballeriza de Turner el remate de todo lo que no pudimos llevar en el baúl y en la valija.

Llegamos a París en las primeras horas de la mañana. Entramos en una estación larga y sucia que era la Gare de Lyon, según me dijo mi padre. París era una ciudad enorme comparada con Milán. En Milán parecía que todo el mundo y todos los tranvías llevasen rumbo fijo y que existiese un orden completo, pero en París era una confusión constante que nunca se solucionaba. Sin embargo, empezó a gustarme. Sin olvidar que tiene los mejores hipódromos del mundo. Parece como si esa fuera la razón de todo el movimiento y toda la agitación, y lo único que uno puede imaginarse es que no hay día en que los autobuses no vayan a alguno de los hipódromos en actividad, a veces desde los lugares más distantes. En realidad, nunca llegué a conocer bien la capital, ya que solo la recorría con mi padre dos o tres veces por semana, y él se detenía siempre en el "Café de la Paix", al lado de la Ópera, con el resto de la pandilla de Maisons, y creo que aquel es uno de los sectores más bulliciosos de París. Pero me pregunto: Es raro que una ciudad grande como París no tenga una Gallería, ¿verdad?

Fuimos a vivir a la pensión que una tal señora Mayers tenía en Maisons—Lafitte, donde residían casi todos, excepto la gavilla. Esta prefirió hacerlo en Chantilly. Maisons es el sitio más agradable para vivir que he visto en mi vida. La ciudad no vale mucho, pero hay un lago y un hermoso bosque donde pasaba casi todo el día con otro muchacho. Mi padre fabricó una honda que nos sirvió para cazar muchas cosas, la mejor de las cuales fue una urraca. Una vez, el joven Dick Atkinson tuvo buena puntería con un conejo. Lo pusimos bajo un árbol y nos sentamos junto al animal. Dick había llevado algunos cigarrillos. Pero, de repente, el conejo dio un salto y se escapó entre la maleza, y por más que lo buscamos no pudimos encontrarlo. Bueno, nos divertíamos mucho en Maisons. La señora Meyers me daba de comer por la mañana y yo permanecía fuera de casa el resto del día. Pronto aprendí a hablar francés. Es un idioma fácil.

Apenas llegamos a Maisons, mi padre escribió a Milán pidiendo su licencia, y este asunto lo trajo muy preocupado. A menudo se encontraba con sus amigos en el "Café de París" de Maisons. Iban muchos tipos que conoció cuando corría en París, antes de la guerra, y que ahora vivían en Maisons. Además, hay tiempo de sobra para visitar el café, pues el trabajo de una caballeriza, es decir el de los *jockeys*, termina por completo a las nueve de la mañana. Sacan a galopar la primera manada de caballos a las cinco y media y el segundo grupo a las ocho. Eso significa que tienen que acostarse y levantarse muy temprano. Y si un jinete está a cargo de los caballos de una persona determinada, entonces no puede salir a emborracharse, pues el cuidador lo vigila siempre si es muy joven, y si no es un muchacho él mismo se fijará en lo que hace. En general, cuando un *jockey* no tiene que trabajar pasa el tiempo en el "Café de París" con la otra gente. Se sientan dos o tres horas frente a algo de beber, como vermut o agua de Seltz, charlando, contando cuentos y jugando al billar, casi igual que en un club o en la Gallería de Milán. Solo que, en realidad, no es como en la Gallería, porque allí todos entran y salen sin cesar y las mesas siempre están ocupadas.

Mi padre consiguió por fin la licencia. Se la mandaron sin decir nada y pudo correr un par de veces. Fue a Amiens, en el Norte, y a sitios semejantes, pero no consiguió ningún contrato. Todos le tenían simpatía. Cada vez que yo entraba en el café por la mañana lo encontraba bebiendo con alguien, pues mi padre no era tacaño como la mayor parte de jinetes que ganaron el primer dólar corriendo en la Feria Mundial de Saint—Louis, en 1904. Eso es lo que decía siempre mi padre cuando bromeaba con George Burns. Pero parecía que todo el mundo evitaba darle caballos para correr.

Todos los días íbamos con el auto desde Maisons a cualquier parte en donde hubiese carreras, y eso era lo más divertido. Me gustaba cuando veía los caballos que regresaban de Deauville, y también en verano. Sin embargo, eso significó el fin de mis paseos por el bosque, ya que entonces nos dirigíamos a Enghien, o a Tremblay, o a Saint—Cloud, y los observábamos desde la tribuna de los cuidadores y *jockeys*. No hay duda que aprendí mucho de carreras de tanto salir con esa gente, y cada vez me gustaba más.

Recuerdo lo que ocurrió un día en Saint—Cloud. Iba a efectuarse una carrera de doscientos mil francos de premio, con siete anotados. Kzar era el gran favorito. Yo fui al potrero a ver los caballos y nunca me quedé tan asombrado como en aquella ocasión. Este Kzar era un gran bayo hecho a medida para correr. Nunca vi un caballo que se le pareciera. Desfilaba por los potreros con la cabeza gacha, y cuando pasó a mi lado experimenté una sensación de vacío, de tan hermoso que era. No hubo nunca caballo más favorecido por la naturaleza. Resultaba el perfecto modelo del caballo de carreras. Marchaba por el potrero con calma y cuidado y se movía con soltura como si supiera lo que tenía que hacer, sin saltar ni encabritarse como esos caballos que van a disputar el premio "drogados" y levantan protestas en los espectadores. Había tanta gente que solo pude ver de nuevo las patas amarillentas. Mi padre se abrió camino, y yo tras él, hacia el vestuario de los jinetes, situado entre los árboles. Allí también había gran cantidad de público, pero el hombre del sombrero hongo que cuidaba la entrada nos dejó pasar en seguida.

Dentro todos estaban vistiéndose, unos poniéndose las chaquetillas y otros las botas, en medio de gran olor a sudor y a embrocación. Afuera, la muchedumbre seguía observando.

Mi padre fue a sentarse junto a George Gardner, que se estaba poniendo los pantalones de montar, y le preguntó:

—¿Qué se sabe, George? —empleando un tono de voz normal como si no hubiera necesidad de hacerlo en secreto y ninguno de los dos poseyera información alguna.

—No va a ganar —contestó el jinete en voz muy baja al agacharse para abrocharse los pantalones.

—¿Quién, entonces? —preguntó mi padre, inclinándose más con objeto de que nadie lo pudiera oír.

—Kiscubbin —respondió George—; y si así ocurre, guárdame un par de boletos.

Mi padre dijo algo con tono normal y George le contestó:

—Nunca se te ocurra apostar al que yo te aconseje —bromeando.

Después salimos, abriéndonos paso entre la multitud que nos miraba, y fuimos a la *machine mutuel* de 100 francos. Pero me di cuenta de que se trataba de algo importante, pues George era el jinete de Kzar. En el trayecto, observamos uno de los tableros amarillos con las cotizaciones iniciales. Kzar pagaba solo 5 por 10; seguía Cefisidote con 3 a 1, y Kircübbin ocupaba el quinto lugar en la nómina con 8 a 1. Mi padre apostó cinco mil ganadores a favor de Kircübbin y agregó mil a place. Después nos dirigimos a la tribuna para ver la carrera desde una buena localidad.

Estábamos apretados entre la muchedumbre. Primero apareció un hombre que vestía levita y sombrero de copa gris, con el látigo doblado en la mano, y después llegaron, uno tras otro, los caballos, con el jinete encima y un peón de la caballeriza al lado, llevándolos de la brida. El primero en salir fue el gran bayo Kzar. A primera vista no parecía tan grande, pero uno se convencía al observar la longitud de sus patas, el tamaño del cuerpo y el modo de andar. ¡Ah!, nunca vi un caballo semejante. Lo montaba George Gardner y ambos pasaron lentamente, detrás del tipo viejo de sombrero de copa, remedo del dueño de un circo que presentaba los números en la pista. Después de Kzar, que avanzaba con los reflejos del sol en su pelo suave y amarillento, seguía un animal negro de buen aspecto y cabeza muy bonita, montado por Tommy Archibald. Después venía un grupo de cinco caballos más, todos en lenta procesión junto a la tribuna y las básculas. Mi padre dijo que el negro era Kircúbbin y entonces lo miré con atención. Verdaderamente, era un hermoso ejemplar, pero no tenía nada que hacer al lado de Kzar.

Todo el mundo aplaudió cuando pasó Kzar. Era, sin duda, un caballo maravilloso. El desfile continuó hasta el otro lado y pasó por la *pelouse*, dirigiéndose luego al extremo más próximo del hipódromo. El dueño del circo fue soltando en forma sucesiva a los corredores para que pudiesen ir al galope hasta el poste de llegada y dejaran libre la visual a los espectadores. Pero la campana sonó antes y vimos que los contrincantes salían en tropel y alcanzaban en seguida la primera curva como si se tratara de caballitos de juguete. Yo observaba el desarrollo de la prueba con los gemelos. Kzar corría atrasado. Uno de los bayos marchaba delante. Dieron la primera vuelta a todo galope, y cuando pasaron por donde estábamos, Kzar continuaba lejos del primero, que se imponía con facilidad. Era Kircúbbin. ¡Caramba! Es terrible verlos pasar frente a uno y después observar cómo se alejan y se hacen cada vez más pequeños, hasta que en la curva se agrupan de nuevo y vuelven a enfilar la recta. A uno le dan ganas de gritar y maldecir, y el malestar sigue aumentando. Finalmente, doblaron la última curva y tomaron la recta. Kircubbin se mantenía bastante distanciado del resto. Todo el mundo estaba sorprendido y repetía Kzar en voz baja y con disgusto. Los caballos se acercaban a toda velocidad. Una cabeza amarilla se destacó como un rayo del pelotón, casi en mis gemelos, y la gente empezó a gritar Kzar como si hubiera enloquecido. Kzar se acercaba ligerísimo. Nunca vi correr así a ningún caballo. Kircubbin, por su parte, corría de un modo normal, y su jinete lo castigaba sin cesar. Por último, quedaron juntos en cabeza, y Kzar pareció duplicar la velocidad con sus grandes saltos y la cabeza que se estiraba… pero pasaron frente al poste de llegada juntos y el primer número que colocaron en el tablero fue el 2, lo cual significó que Kircubbin había ganado.

Un extraño temblor recorrió todo mi cuerpo y al mismo tiempo experimenté una sensación muy rara. Después nos encontramos apretujados entre la gente que bajaba para colocarse frente al tablero en donde indicarían cuánto ganaba Kircubbin. Debo decir con franqueza que durante la carrera me olvidé de lo que había apostado mi padre a favor de Kircubbin. ¡Maldición! Quería con todas mis ansias que ganase Kzar. Pero después que hubo pasado todo me alegré al saber que habíamos acertado.

—Ha sido una carrera magnífica, ¿no es cierto, papá? —le pregunté.

Él me miró con sorpresa. Tenía el sombrero casi en la nuca.

—Este George Gardner es extraordinario —dijo—. Hacía falta un gran jinete para evitar que ganase Kzar.

Yo sabía, por supuesto, que el resultado había asombrado a toda la concurrencia. Pero mi padre dijo aquello con placer, aunque yo no le vi la gracia, ni siquiera cuando colocaron los números en el tablero y sonó la campana de pago de apuestas. Entonces vimos que Kircübbin daba 67,50 por 10. Por todas partes la gente decía:

—¡Pobre Kzar ¡Qué lástima! ¡Pobre Kzar!

Y yo pensé: "Me gustaría ser *jockey* y haberlo montado yo en vez de ese hijo de perra." Y me causó gracia pensar que George Gardner era un hijo de perra, porque siempre me había resultado simpático, y, además, nos dijo quién iba a ganar, pero de cualquier modo creo que era un verdadero hijo de perra.

Mi padre ganó mucho dinero aquel día y empezó a visitar París con más frecuencia. Cuando había carreras en Tremblay, se hacía dejar en la ciudad al regresar a Maisons Lafitte, y él y yo nos sentábamos en la terraza del "Café de la Paix" y observábamos a los transeúntes. Era un lugar delicioso. Pasaba mucha gente y gran cantidad de vendedores ambulantes nos ofrecían sus productos. Me gustaba con locura sentarme allí con él. Mi padre bromeaba con los muchachos que vendían graciosos conejos que saltaban cuando se les apretaba una protuberancia. Hablaba en francés con la misma facilidad que en inglés, y todos aquellos individuos lo conocían porque resultaba fácil conocer a un jinete. Siempre nos sentábamos a la misma mesa y se habían acostumbrados a vernos. Algunos hombres vendían libretas de matrimonio. Pasaban mujeres ofreciendo huevos de goma que al apretarlos dejaban salir un gallo. Un viejo harapiento recorría las mesas mostrando tarjetas postales de París que nadie le compraba, por supuesto. Entonces volvía a pasar enseñando el revés de las mismas, con escenas pornográficas, y muchas personas metían la mano en el bolsillo y reservadamente sacaban dinero para comprarlas.

¡Ah! Me acuerdo de la gente rara que solía pasar por allí. Las mujeres que a la hora de la cena buscaban a alguien que las invitase, hablaban siempre con mi padre, que les hacía bromas en francés. Después me acariciaban la cabeza y proseguían su camino. Una vez, una mujer norteamericana se sentó con su hija a la mesa contigua a la que ocupábamos. Tomaban helados. Yo no aparté la vista de la chica, que era muy bonita. En una ocasión le sonreí y ella me respondió del mismo modo, pero no ocurrió nada más. Cada día buscaba a las dos mujeres, pero no las volví a ver. Quisiera saber si la madre me habría permitido que llevase a su hija a Auteuil o Tremblay. La verdad es que estaba decidido a hablar con ella. Aunque, de cualquier manera, creo que no hubiese valido la pena, pues ahora, al pensar en aquello, recuerdo haber resuelto hablarle más o menos así: "Perdóneme, pero ¿no le gustaría que yo le recomendara una apuesta para las carreras de hoy en Enghien?"; y, después de todo, tal vez me hubiese tomado por un espía de caballeriza en vez de un admirador con el deseo de ofrecerle un dato valioso.

Nos sentábamos en el "Café de la Paix", mi padre y yo, y casi siempre discutíamos con el camarero porque mi padre tomaba whisky, que costaba cinco francos, y aquello significaba una buena propina cuando contaba los platillos. Mi padre bebía más que nunca, pero había dejado de correr y decía que el whisky evitaba el aumento de peso. Sin embargo, yo advertía que engordaba lo mismo. Se alejó de sus viejos amigotes de Maisons y, al parecer, lo único que le gustaba era sentarse conmigo en el bulevar. Pero todos los días perdía dinero en el hipódromo. Cuando le iba mal, lo invadía cierta tristeza después de la última carrera, hasta que llegábamos a nuestra mesa y tomaba su primer whisky. Entonces mejoraba su estado de ánimo.

A veces interrumpía la lectura del *Paris—Sport* para decirme:

—¿Dónde está tu novia, Joe? —refiriéndose en broma a lo que yo le había contado acerca de la muchacha que había visto aquel día en la mesa contigua. Me ruborizaba, pero me gustaban esas bromas. Experimentaba una sensación agradable al pensar en ella.

—No dejes de estar alerta, Joe —me decía—. Ya volverá.

Me preguntaba cosas y algunas de mis respuestas le hacían reír. Después empezó a hablarme de cuando corría en Egipto, o en Saint Moritz, en el hielo, antes de la muerte de mi madre, y de las carreras realizadas en el sur de Francia durante la guerra, con el solo objeto de conservar la raza, y en las que no había premios, ni apuestas, ni público, ni nada. Eran carreras como las de ahora. Podía pasar horas escuchando a mi padre, especialmente cuando él tomaba un par de copas. Me habló de su infancia, en Kentucky, cuando iba a cazar coatíes, y de la buena época en los Estados Unidos, antes de la crisis, y agregó:

—Joe, cuando ganemos una apuesta más o menos decente volverás a los Estados Unidos para ir a la escuela.

—¿Y qué necesidad tengo de ir a la escuela allá si hay crisis? —le pregunté.

—Eso es diferente —concluyó. Después llamó al camarero, pagó el montón de platillos, tomamos un taxi hasta la Gare St. Lazare y regresamos a Maisons—Lafitte en tren.

Un día, en Auteuil, después de una carrera de obstáculos de venta, mi padre compró el ganador por 30.000 francos. Tuvo que ofrecer un poco para conseguirlo, pero al final la caballeriza accedió y mi padre recibió su permiso y sus colores en una semana. ¡Cáspita! Sentí un gran orgullo cuando mi padre se convirtió en propietario. Arregló con Charles Drake todo lo referente al establo y dejó de viajar a París. Empezó a correr y sudar de nuevo. Él y yo constituíamos todo el personal del caballo, que se llamaba Gilford. Era producto irlandés y buen saltador. A mi padre le pareció una buena inversión, y él mismo lo adiestraba y lo montaba. Yo estaba orgulloso de todo y hasta comparé a Gilford con Kzar, era un fuerte bayo saltador, con mucha velocidad en el llano, si lo exigían; de excelente aspecto.

¡Ah! ¡Cómo me gustaba verlo! La primera vez que corrió con mi padre, llegó tercero en una carrera de vallas de 2500 metros, y después que el jinete hubo desmontado, bañado en sudor y muy contento, y fue a pasearse, yo me sentí tan orgulloso del animal como si se hubiese tratado de la primera carrera en que obtenía buena colocación final. En realidad, cuando un tipo deja las pistas por mucho tiempo, a uno le parece que en su vida ha corrido. Todo era distinto ahora. En Milán, mi padre no se emocionaba nunca, ni siquiera al ganar carreras de mucha importancia, pero la situación fue distinta cuando se convirtió en propietario. La víspera de cada carrera yo no podía dormir y advertí que él también estaba excitado, aunque no lo demostraba. Hay gran diferencia entre ser *jockey* de los caballos que uno mismo posee o de los que pertenecen a otro. Es tan grande como la que existe entre el día y la noche.

Un lluvioso domingo, Gilford y mi padre actuaron por segunda vez en Auteuil, en el Prix du Marat, carrera de obstáculos de 4500 metros. Apenas salió, subí a la tribuna con los gemelos nuevos que él me había comprado con este fin. Los contrincantes se dirigieron al extremo opuesto del hipódromo. En la barrera hubo cierta dificultad, ya que un animal provocó un alboroto al encabritarse y embestirla. Sin embargo, distinguí la chaquetilla negra con una cruz blanca y la gorra oscura de mi padre, sentado sobre Gilford y acariciándolo con la mano. Después salieron en un salto, perdiéndose de vista entre los árboles. La campana empezó a sonar como loca y los postigos de las oficinas del *pari mutuel* se sacudieron igual que matracas. ¡Demonio, qué excitado estaba! Me dio miedo mirarlos, pero dirigí los gemelos hacia el otro lado de la arboleda. Salieron por allí, con la vieja chaquetilla negra en tercer término, y al saltar parecían pájaros flotando en el aire. Volvieron a desaparecer antes de bajar por la colina, con rapidez y sin esfuerzo aparente, y pasaron la valla en pelotón, alejándose de nosotros sin perder la unidad. Sus lomos muy juntos daban la impresión de formar un puente a través de la pista. Luego saltaron la doble zanja y uno cayó. No vi quién, pero el caballo se levantó en seguida y siguió galopando solo, mientras el resto, sin deshacer el pelotón, dobló la larga curva izquierda y entró en la recta. Pasaron la pared de piedra y continuaron en tropel hacia el enorme charco, justo frente a las tribunas. Los vi venir y alenté a mi padre cuando pasó llevando casi un largo de ventaja, ágil como un mono. Al llegar al tupido seto que ocultaba el charco, se oyó un estrépito. Dos caballos salieron por mi lado y siguieron corriendo. Otros tres quedaron amontonados allí. Mi padre no apareció por ningún lado. Uno de los animales se arrodilló, y como no había soltado la brida, el *jockey* pudo montar de nuevo y continuar la prueba. El segundo caballo se incorporó por sus propios medios, sacudiendo la cabeza y galopando con las riendas sueltas, mientras su jinete se apoyaba en la baranda haciendo eses. En cuanto a Gilford, se levantó después de zafarse de su jockey y empezó a correr a tres patas, con la derecha delantera encogida. Mi padre quedó tendido boca arriba en el césped, con la cabeza cubierta de sangre. Al bajar de la tribuna corriendo atropellé a un montón de gente. Llegué por fin a la baranda, pero un policía me impidió seguir. Dos grandes camilleros pasaron en busca de mi padre. Al otro lado de la pista, vi tres caballos que salían de la arboleda y saltaban la valla.

Mi padre había muerto cuando lo trajeron. Mientras el médico le auscultaba el corazón con un aparato colocado en sus oídos, escuché el disparo del arma de fuego que mató a Gilford en la pista. Cuando llevaron el cadáver de mi padre a la enfermería me colgué de la camilla y empecé a llorar desconsoladamente. ¡Estaba tan pálido! ¡Tan muerto! ¡Oh! ¡Qué horrible! Y no pude dejar de pensar en la inutilidad del sacrificio de Gilford. Tal vez no fuera grave la herida de la pata. No sé. ¡Quería tanto a mi padre!

Entraron dos tipos. Uno me dio una palmada en el hombro, a modo de pésame, y después fue a ver a mi padre, tapándolo con una de las sábanas de la camilla. El otro habló por teléfono, en francés, pidiendo una ambulancia para trasladar el difunto a Maisons. No pude contener las lágrimas y lloré hasta sofocarme. George Gardner se sentó a mi lado y me abrazó, diciéndome:

—Vamos, Joe, muchacho. Levántate y salgamos a esperar la ambulancia.

Me levanté del suelo y salí con George, tratando de evitar los sollozos. Él me secó la cara con su pañuelo. Mientras esperábamos que pasase toda la gente, dos tipos se detuvieron cerca de nosotros. Cuando acabó de contar un montón de boletos de *mutuel*, uno de ellos dijo:

—Bueno; le llegó la hora a Butler.

—Me importa un comino —respondió su compañero—. ¡Maldición! Cayó vencido por sus propias armas, el sinvergüenza.

—Ya lo creo —asintió el primero antes de hacer pedazos los boletos.

George Gardner me miró para saber si yo había oído algo y al comprobarlo dijo:

—No hagas caso de lo que dicen esos vagos, Joe. Tu padre era un tipo estupendo.

Pero no sé. Creo que cuando empiezan a hablar no dejan títere con cabeza.

LA LUZ DEL MUNDO

Cuando nos vio franquear la puerta, el cantinero levantó la vista, tomó la tapa de cristal y cubrió con ella las dos vasijas de los aperitivos gratuitos.

—Dame una cerveza —dije.

El cantinero sirvió un vaso, cortó la espuma desbordante con la espátula y luego quedó aguardando con el vaso en la mano. Puse la moneda de cinco centavos sobre el mostrador y solo entonces deslizó el vaso de cerveza hacia mí.

—¿Y tú? —preguntó a Tom.

—Cerveza.

Sirvió, cortó la espuma y, cuando vio el dinero, empujó la cerveza hacia Tom.

—¿Qué pasa? —preguntó Tom.

El cantinero no le contestó. Se limitó a mirar sobre nuestras cabezas y dijo a un hombre que acababa de entrar:

—Usted, ¿qué quiere?

—Whisky —dijo el hombre.

El cantinero dejó sobre el mostrador una botella, un vaso y una jarra de agua.

Tom extendió el brazo y quitó la tapa a una de las vasijas de aperitivos. Contenía patitas de cerdo encurtidas sobre las cuales descansaba una tijera de madera cuyas puntas eran dos tenedores que se cerraban para trinchar.

—No —dijo el cantinero, y volvió a colocar la tapa en la vasija. Tom tenía en la mano la tijera de madera

—Vuelve a poner eso en su lugar —dijo el cantinero.

—Sabes dónde te lo voy a poner —dijo Tom.

El cantinero metió la mano debajo del mostrador sin quitarnos la vista de encima. Puse cincuenta centavos sobre el mostrador y el cantinero se enderezó.

—¿Qué te sirvo? —me preguntó.

—Cerveza –dije, y antes de servirme la cerveza, destapó dos fuentes.

—¡Tus patitas de cerdo apestan! –exclamó Tom y escupió lo que tenía en la boca.

El cantinero no dijo nada. El hombre que había tomado whisky pagó y salió sin volverse.

—¡Tú eres el que apestas! –dijo el cantinero a Tom—. Todos los tipos como tú son unos apestosos.

—Dice que somos apestosos —me dijo Tom.

—Oye —le pedí—. Vámonos de aquí.

—¡Salgan enseguida de aquí, par de vagos! —gritó el cantinero.

—Ya dije que nos íbamos —respondí—. Eso no fue idea tuya.

—Pero volveremos —dijo Tom.

—¡Cuidado con volver a pisar este lugar!

—Dile lo equivocado que está —Tom se volvió en mi dirección.

—Vámonos.

Afuera era noche cerrada.

—¿Qué clase de sitio es este pueblo? –preguntó Tom.

—¡Que sé yo! –le dije—. Vamos a la estación.

Habíamos entrado al pueblo por un extremo y nos dirigíamos hacia el otro para salir de él. Olía a cueros curtidos y aserrín. Oscurecía cuando entramos y ahora que era de noche comenzaba a hacer frío: los charcos en el camino se helaban alrededor de los bordes.

En la estación había cinco putas esperando la llegada del tren, y seis hombres blancos y cuatro indios. La sala de espera estaba llena de gente y de humo rancio. La estufa estaba encendida y hacía calor. Cuando entramos nadie hablaba y la taquilla estaba cerrada.

—¡Cierren la puerta, no! –exclamó alguien.

Busqué con la vista al que había dicho esas palabras. Era uno de los hombres blancos. Vestía pantalones gastados, botas de goma de leñador y una camisa a cuadros como los demás, pero no llevaba sombrero, su rostro era blanco, y sus manos blancas y finas.

—¿No la vas a cerrar?

—Claro que sí —dije, y la cerré.

—Gracias —dijo el hombre.

Uno de los hombres blancos soltó una estúpida risita.

—¿Nunca has tenido algo que ver con un cocinero? —preguntó.

—No.

—Puedes hacer de este lo que te dé la gana. A él le gusta —dijo el hombre mirando al cocinero.

El cocinero volvió la cabeza apartando la vista del hombre con los labios apretados.

—Se pone jugo de limón en las manos —rió el hombre—. Y por nada del mundo las mete en el agua de los platos. Mire lo blancas que las tiene.

Una de las putas soltó una risotada. Era la puta más grande que jamás había visto en mi vida y también la mujer más grande. Llevaba puesto uno de esos vestidos de seda de colores tornasolados. Había otras dos putas casi tan grandes como ella, pero ella debía pesar unas trescientas cincuenta libras. Al mirarla no se podía creer que existiera realmente. Las tres putas iban vestidas iguales, con esa tela de colores cambiantes. Estaban sentadas en el banco una al lado de la otra. Eran enormes. Las otras putas tenían aspecto ordinario. Eran rubias oxigenadas.

—Mirale las manos —el hombre señaló con la cabeza al cocinero.

La puta rió de nuevo y su cuerpo se sacudió. El cocinero se volvió hacia ella y le dijo rápidamente:

—¡Eres una montaña de carne asquerosa!

—¡Ay, Dios mío! —dijo, sin dejar de reírse y sacudirse. Tenía una voz hermosa—. Oh, dulce Cristo.

Las otras dos putas, las grandes, se comportaban con mucho aplomo y buena disposición de ánimo, como si no se dieran cuenta de lo que ocurría: pero eran grandes, casi tanto como la más grande de todas. Pesaban bien sus doscientas cincuenta libras por cabeza. Las otras dos putas se daban aires de dignidad.

De los hombres, además del cocinero y del que había hablado, había otros dos que eran leñadores: uno de ellos escuchaba interesado, pero debía de ser un poco tímido. El otro parecía como si se dispusiera a hablar. Además había dos suecos. Dos de los indios estaban sentados en uno de los extremos del banco; otro, de pie, recargaba el cuerpo contra la pared.

El hombre que se disponía a decir algo, me habló en voz queda:

—Sería lo mismo que encaramarte en una montaña de heno.

Yo reí y le dije a Tom lo que me había dicho el hombre.

—¡Por Dios que nunca he estado en un lugar como este! —dijo Tom—. Mira a esas tres.

Entonces habló el cocinero:

—¿Qué edad tienen ustedes, muchachos?

—Yo tengo noventa y seis y él sesenta y nueve —dijo Tom.

—¡Jo, jo, jo! —rió la puta grande sacudiéndose.

Tenía una voz verdaderamente hermosa, las otras putas no se rieron.

—¿No pueden darme una respuesta normal? —preguntó el cocinero—. Hice la pregunta solo por ser cordial.

—Tenemos diecisiete y diecinueve años —dije yo.

—¿Por qué lo has dicho? —dijo Tommy volviéndose a mí.

—Está bien. No te preocupes.

—Pueden llamarme Alice —dijo la puta más grande y luego empezó a sacudirse de nuevo.

—¿Ese es tu nombre? —preguntó Tommy.

—Claro —dijo— Alice es mi nombre. ¿No es verdad? —y se volvió hacia el hombre que estaba sentado al lado del cocinero.

—Alice: así se llama ella.

—Desde luego que tenías que llamarte Alice —dijo el cocinero.

—Es mi verdadero nombre —dijo Alice.

—¿Cómo se llaman las otras muchachas? —pregunto Tom.

—Hazel y Ethel —dijo Alice.

Hazel y Ethel sonrieron. No eran muy inteligentes que digamos.

—¿Cómo te llamas? —pregunté a una de las rubias.

—Frances —replicó.

—¿Frances, qué?

Frances Willson. ¿Y a ti qué te importa?

—¿Y tú cómo te llamas? —pregunté a la otra rubia.

—No seas tan confiado —dijo.

—Solo quiere hacerse amigo nuestro —dijo el hombre que había hablado—. ¿No quieres que todos seamos amigos?

—No —dijo la rubia oxigenada—. Por lo menos no quiero ser amiga tuya.

—Es una malgeniosa —dijo el hombre—. Respondona y malgeniosa.

Una rubia miró a la otra y negó con la cabeza.

—Son unos pesados —dijo la rubia respondona.

Alice comenzó a reír de nuevo y a sacudirse.

—Eso no tiene nada de gracioso —dijo el cocinero—. Todos ustedes se ríen, pero nada de esto tiene gracia. Ustedes, muchachos, ¿para dónde van?

—¿A dónde vas tú? —preguntó Tom.

—Quiero ir a Cadillac —dijo el cocinero—. ¿Han estado ustedes allí alguna vez? Mi hermana vive allí.

—Él mismo es una hermana —dijo el hombre empecinado en ridiculizar al cocinero.

—¿Por qué no me sueltas? —inquirió el cocinero—. ¿No podemos hablar de cosas edificantes?

—En Cadillac nació Steve Ketchel y también Ad Wolgast —dijo el hombre tímido.

—Steve Ketchel —dijo una de las rubias con voz aguda y repentina, como si ese nombre hubiera apretado un gatillo dentro de ella—. Lo mató su propio padre. Sí, ¡por Dios!, su propio padre. Ya no hay hombres como Steve Ketchel.

—¿Su nombre no era Stanley Ketchel? –preguntó el cocinero.

—¡Ho! ¡Cállate! —dijo la rubia—. ¿Qué sabes tú de Steve? ¿Stanley? No se llamaba Stanley. Steve Ketchel era el hombre más fino y más hermoso que jamás ha existido. Nunca conocí un hombre tan limpio y tan blanco como Steve Ketchel. Nunca hubo un hombre como él. Se movía como un tigre y era el derrochador más elegante y espléndido que jamás ha existido.

—¿Tú lo conocías? —preguntó uno de los hombres

—¿Si lo conocía? ¿Si lo conocía? ¿Si lo amé? ¿Y me lo preguntan? Lo conocía como no conocieron ustedes a nadie en el mundo, y lo amaba como se ama a Dios. Era el hombre más grande, el mejor, el más blanco y el más hermoso que jamás ha existido. Steve Ketchel, sí señor. Y su propio padre lo mató como a un perro.

—¿Estuviste en la costa con él?

—No. Lo conocí antes. Fue el único hombre que amé en mi vida.

Todos miraban con respeto a la rubia oxigenada que había dicho todo con tono teatral, pero Alice comenzó a sacudirse de nuevo. Me di cuenta porque estaba a su lado.

—Debiste haberte acostado con él —dijo el cocinero.

—No quise arruinar su carrera —dijo la rubia oxigenada—. No quería convertirme en una carga para él. No era una esposa lo que el necesitaba. ¡Oh, Dios! ¡Qué hombre ese!

—Muy bien pensado —dijo el cocinero— ¿Pero no lo noqueó Jack Johnson?

—Fue una mala jugada —dijo la oxigenada—. Este perro negro lo cogió de sorpresa. Él acababa de derribarlo, cuando ese negro degenerado lo alcanzó de chiripa con un golpe, y lo noqueó.

La taquilla se abrió y los tres indios se dirigieron hacia ella a comprar sus boletos.

—Cuando Steve lo tumbó —dijo la oxigenada— se volvió hacia mí y me sonrió.

—Creí que dijiste que no habías estado en la costa con él —dijo alguien.

—Fui solo para ver esa pelea. Steve se volvió para sonreírme y ese negro hijo de puta dio un salto desde el suelo y lo cogió de sorpresa. Steve hubiera podido hacer morder el cordobán a cien hombres como ese negro degenerado.

—¡Era un gran boxeador! —dijo uno de los leñadores—.

—¡Por Dios que lo era! —dijo la oxigenada—. Y por Dios que ahora no hay boxeadores como él. Era como un Dios. Tan blanco, limpio, hermoso y elegante, rápido como un tigre o como un relámpago.

—Vi la película de la pelea —dijo Tom.

Todos nos sentíamos conmovidos. Alice se sacudía, y al mirarla vi que estaba llorando. Los indios habían salidos al andén.

—Era para mí más de lo que hubiera podido ser cualquier marido —dijo la rubia oxigenada—. Estábamos casados a los ojos de Dios. Le pertenecía y le perteneceré siempre. No me importa lo que pueda ocurrirle a mi cuerpo. Pueden tomarlo; pero mi alma pertenece a Steve Ketchel. ¡Por Dios que era un hombre de verdad!

Todos nos sentíamos muy afectados. Estábamos tristes y turbados. Alice, que todavía estaba sacudiéndose, dijo en voz grave:

—Eres una maldita mentirosa. Nunca te has acostado con Steve Ketchel en tu vida y lo sabes muy bien.

—¿Cómo puedes decir eso? —preguntó con orgullo la rubia.

—Lo digo porque es verdad —Alice—. Soy la única aquí que ha conocido a Steve Ketchel. Nací en Mancelona y allí lo conocí. Esa es la pura verdad y tú sabes que lo es. ¡Que Dios me quite la vida aquí mismo, si no es cierto lo que digo!

—¡Que me la quite a mí también si he mentido!

—¡Es verdad, verdad, verdad! Y tú lo sabes. No es una mentira como esa que tú has tratado de hacernos creer. Y me acuerdo exactamente de lo que Steve Ketchel me dijo.

—¿Qué te dijo? —preguntó al rubia, ufana.

—Me dijo que yo estaba más que buena. Eso fue lo que me dijo.

—¡Eso es una mentira! —dijo la oxigenada.

—Es verdad. Eso fue exactamente lo que me dijo.

—¡Es una mentira! —dijo la rubia con orgullo.

—¡Es la verdad! ¡La verdad! ¡Lo juro por Jesús, María y José que es la verdad!

—Steve nunca podría haber dicho eso. Él no se expresaba así —la rubia riendo feliz.

—Es la verdad —dijo Alice con su hermosa voz—. Y no me importa si me crees o no.

—Es imposible que Steve pueda haber dicho eso —declaró con énfasis la rubia oxigenada.

—Lo dijo —Alice sonrió—. Y recuerdo que entonces yo estaba más que buena, como él decía. Incluso, ahora soy mejor hembra que tú. ¡Tú no eres más que hueso y mala idea!

—¡No puedes insultarme! —dijo la rubia—. ¡Montaña de pus! Yo tengo mis recuerdos.

—No —dijo Alice, con aquella dulce voz—. No tienes ningún recuerdo verdadero, como no sea cuando te ligaron las trompas y te metiste a puta. Todo lo demás lo has leído en los periódicos. Yo soy limpia y tú lo sabes, y gusto a los hombres, aunque soy grande. Eso a ti te consta. Y nunca miento. Eso te consta también.

—Déjame con mis recuerdos. Con mis verdaderos y maravillosos recuerdos.

Alice la miró y luego nos miró a nosotros y su rostro perdió aquella expresión agraviada. Sonrió. Su cara era casi la más bonita que había visto en mi vida. Tenía una piel suave y tersa, y una hermosa voz. Era muy agradable. Pero, ¡demonios!, ¡qué grande era! ¡Era tan grande como tres mujeres juntas! Tom me vio mirarla y me dijo:

—Vamos.

—Adiós —dijo Alice.

Ciertamente tenía una hermosa voz.

—Adiós —dije yo.

—¿Dónde van, muchachos? —pregunto el cocinero.

—En dirección contraria a la tuya —repuso Tom.

LA MADRE DE UN AS

Cuando su padre murió, él no era más que un niño, y su administrador hizo enterrar el cadáver a perpetuidad. Es decir, que estaría en la tumba permanentemente. Pero, cuando falleció su madre, su administrador pensó que tal vez aquella calentura que sentían el uno por el otro no les duraría siempre. Eran amantes; claro que es marica, ¿no lo saben ustedes?, claro que lo es. De modo que a ella solo le contrató la tumba por cinco años.

Así que cuando él volvió a México desde España, le llegó la primera notificación. Le advertía de que ya habían transcurrido los cinco años y le preguntaba si le interesaba prolongar el período de sepultura de su madre. Si la quería a perpetuidad eran veinte dólares. Por entonces yo tenía la llave de la caja, y le dije: "Deja que me ocupe de esto, Paco". Pero él replicó que no, que él lo arreglaría, y en seguida. Era su madre y quería hacerlo personalmente.

Luego, una semana más tarde, llegó la segunda notificación. Se la leí y le dije que pensaba que se había encargado de todo.

—No —dijo—; no me he ocupado.

—Deja que lo haga yo —le dije—. Tenemos dinero en la caja.

Dijo que no. Nadie le diría lo que debía hacer. Lo haría él mismo cuando pasara por allí.

—¿Qué necesidad hay de gastar el dinero antes de lo necesario?

—Bueno —le advertí—. Pero ocúpate de eso.

En aquella época tenía un contrato por seis corridas, a cuatro mil pesos cada una; además de una corrida en su beneficio. Ganó sobre quince mil dólares solo en la capital. Era un tacaño; eso era todo.

La tercera notificación llegó una semana después y se la leí. Decía que si no hacía el pago antes del sábado siguiente, abrirían la tumba de su madre y sus restos serían arrojados en la fosa común. Dijo que se encargaría del asunto esa misma tarde, y se dirigió a la ciudad.

—¿Por qué no me dejas hacerlo a mí? —pregunté.

—No te metas en mis asuntos —replicó—. Eso es un asunto mío y tengo que resolverlo yo mismo.

—Muy bien, si eso es lo que quieres —dije—. Hazlo a tu manera.

Sacó el dinero de la caja, aunque por aquella época siempre llevaba consigo un centenar de pesos, o más, y dijo que lo iba a hacer. Salió y, por supuesto, pensé que se ocuparía de ello.

Una semana después llegó el anuncio de que, no habiéndose recibido respuesta alguna a la última comunicación, el cuerpo de su madre había sido arrojado a la fosa común; ¡a la fosa común!

—¡Santo Cristo! —exclamé—, dijiste que pagarías eso, y sacaste el dinero de la caja para hacerlo. Y ahora, ¿qué le ha ocurrido a tu madre? ¡Dios mío! ¡Piensa en eso! ¡La fosa común y tu madre! ¿Por qué no dejaste que yo me ocupara? Lo hubiera hecho cuando llegó la primera notificación.

—No es nada que te importe. ¡Es mi madre!

—No es un asunto mío, ya lo sé, pero es un asunto tuyo. ¿Qué clase de sangre tienes en las venas para dejar que le hagan eso a tu madre? No mereces siquiera haberla tenido.

—Es mi madre —dijo—. Y ahora es mucho más querida para mí. Ahora no tengo que pensar que está enterrada en un sitio determinado y sentir tristeza por ello. Ahora está a mi alrededor, en el aire, como los pájaros y las flores. Ahora estará siempre conmigo.

—¡Cristo! —exclamé—. ¿Qué clase de sangre tienes? No quiero ni que me hables.

—Ella está a mi lado. Ahora nunca más estaré triste.

En aquella época gastaba el dinero con las mujeres, tratando de parecer un hombre y engañando a la gente, pero todo eso no causaba efecto alguno sobre los que lo conocían. Me debía sobre seiscientos pesos y no quería pagármelos.

—¿Por qué los quieres ahora? —preguntó—. ¿No confías en mí? ¿No somos amigos?

—No es cuestión de amistad, ni de confianza en ti. El caso es que pagué las cuentas con mi dinero mientras tú estabas fuera y ahora lo necesito y tienes que pagármelo.

—No lo tengo.

—Lo tienes —dije—. Está ahora en la caja y puedes dármelo.

—Necesito ese dinero para algo. Tú no sabes cuánto necesito ese dinero.

—Yo me quedé aquí mientras tú estabas en España y me autorizaste a que pagara esas cosas, a medida que llegaran las cuentas. Todas esas cosas de la casa. Mientras estuviste fuera no enviaste dinero y yo pagué más de seiscientos pesos de mi bolsillo y ahora necesito que me pagues, y puedes hacerlo.

—Lo haré pronto —dijo—. Ahora necesito enormemente ese dinero.

—¿Para qué?

—Eso es asunto mío.

—¿Por qué no me das algo a cuenta?

—No puedo —dijo—; necesito muchísimo ese dinero. Pero te pagaré.

Solo había celebrado dos corridas en España. Allí no podían soportarlo. En seguida lo "leyeron". Tenía siete nuevos trajes de luces; pero los preparó tan descuidadamente para el viaje, que cuatro de ellos quedaron arruinados por el agua de mar en el viaje de vuelta y ya no pudo llevarlos más.

—¡Dios mío! —le dije—. Te vas a España. Te pasas allí toda la temporada y solo haces dos corridas. Te gastas en trajes todo el dinero que llevas y luego los arruinas con agua de mar y no los puedes usar más. Así es como aprovechas una temporada y luego me dices que te ocupas de tus propios asuntos. ¿Por qué no me pagas el dinero que me debes para que pueda irme?

—Te necesito aquí —me dijo—, y te pagaré. Pero ahora necesito el dinero.

—¿Lo necesitas tanto, para pagar el derecho de la tumba de tu madre y para impedir que la arrojen a la fosa común, no es cierto?

—Me alegra lo que le ha ocurrido a mi madre —me dijo—. Tú no puedes comprenderlo.

—¡Gracias a Dios, no lo puedo comprender! ¡O me pagas lo que me debes o lo sacaré de la caja!

—Guardaré la caja yo mismo.

Esa misma tarde vino con un vagabundo. Algún tipo de su pueblo que se había venido abajo, y dijo:

—He aquí un paisano que necesita dinero para ir a su pueblo porque su madre está muy enferma. Dale cincuenta pesos de la caja.

—Me acabas de decir que no tenias dinero para pagarme y ahora quieres que le dé cincuenta pesos a este vagabundo.

—Es un paisano mío y está en un apuro.

—¡Perro! —exclamé y le di la llave de la caja—. Sácalo tú mismo. Me voy a la ciudad.

—No te molestes. Te pagaré.

Saqué el automóvil para irme a la ciudad. Era suyo, pero él sabia que yo lo manejaba mejor que él. Todo lo que él hacía yo podía hacerlo mejor. Él lo sabia. No sabía leer ni escribir. Iba a ver a alguien para saber qué tenía que hacer, para lograr que me pagara. Salió y dijo:

—Voy contigo y te voy a pagar. Somos buenos amigos y no hay necesidad de que no lo seamos.

Nos dirigimos a la ciudad; yo conducía. Justamente antes de entrar a la ciudad sacó del bolsillo veinte pesos.

—Aquí está el dinero —dijo.

—¡Perro sin madre! —exclamé, y le dije qué podía hacer con ese dinero—. Le diste cincuenta pesos a ese vagabundo y luego me ofreces veinte, cuando me debes seiscientos. No tomaré un centavo. ¡Ya sabes qué puedes hacer con eso!

Salí del automóvil sin un peso en el bolsillo. Ni siquiera sabía dónde iba a dormir aquella noche. Más tarde, fui con un amigo a recoger mis cosas de su casa. No lo vi nunca más, hasta este año. Lo encontré en Madrid andando con tres amigos, una noche que se dirigía al cine Callao, en la Gran Vía. Me tendió la mano.

—¡Hola, Rogelio, viejo amigo! —dijo—. ¿Cómo estás? La gente dice que tú hablas mal de mí. Que dices de mí las cosas más injustas.

—Todo lo que digo es que tú nunca tuviste madre —le dije. Eso es lo peor que puede decirse en España para insultar a un hombre.

—Es verdad —dijo—. Mi pobre madre murió cuando era tan pequeño que parece como si nunca la hubiera tenido. Es muy triste.

Eso es un marica. No se les puede conmover. Nada; nada del mundo puede conmoverlos. Gastan el dinero en sí mismos, o por vanidad, pero nunca pagan. Traten ustedes de conseguir que alguno de ellos les pague. Le dije lo que pensaba de él, allí mismo en la Gran Vía, frente a sus tres amigos. Pero ahora, cuando lo encuentro, me habla como si fuésemos amigos. ¿Qué clase de sangre tiene en las venas un hombre como ese?

LA MADRE DE UNA REINA

Cuando su padre murió, él no era más que un niño, y su administrador hizo enterrar el cadáver a perpetuidad. Es decir, que estaría en la tumba permanentemente. Pero, cuando falleció su madre, su administrador pensó que tal vez aquella calentura que sentían el uno por el otro no les duraría siempre. Eran amantes; claro que es una reina[1], ¿no lo saben ustedes?, claro que lo es. De modo que a ella solo le contrató la tumba por cinco años.

Así que cuando él volvió a México desde España, le llegó la primera notificación. Le advertía de que ya habían transcurrido los cinco años y le preguntaba si le interesaba prolongar el período de sepultura de su madre. Si la quería a perpetuidad eran veinte dólares. Por entonces yo tenía la llave de la caja, y le dije: "Deja que me ocupe de esto, Paco". Pero él replicó que no, que él lo arreglaría, y en seguida. Era su madre y quería hacerlo personalmente.

Luego, una semana más tarde, llegó la segunda notificación. Se la leí y le dije que pensaba que se había encargado de todo.

—No —dijo—; no me he ocupado.

—Deja que lo haga yo —le dije—. Tenemos dinero en la caja.

Dijo que no. Nadie le diría lo que debía hacer. Lo haría él mismo cuando pasara por allí.

—¿Qué necesidad hay de gastar el dinero antes de lo necesario?

—Bueno —le advertí—. Pero ocúpate de eso.

En aquella época tenía un contrato por seis corridas, a cuatro mil pesos cada una; además de una corrida en su beneficio. Ganó sobre quince mil dólares solo en la capital. Era un tacaño; eso era todo.

La tercera notificación llegó una semana después y se la leí. Decía que si no hacía el pago antes del sábado siguiente, abrirían la tumba de su madre y sus restos serían arrojados en la fosa común. Dijo que se encargaría del asunto esa misma tarde, y se dirigió a la ciudad.

---

[1] Es la traducción más fiel al título original The Mother of a Queen y la que se usa en ediciones serias de Hemingway. Aunque el lector hispano actual no capte de inmediato el doble sentido que queen tenía en el inglés coloquial de los años 20, el contexto del cuento deja clara la ironía. "Queen" era un término peyorativo para un hombre homosexual. Hemos preservado la intención original sin vulgarizarla.

—¿Por qué no me dejas hacerlo a mí? —pregunté.

—No te metas en mis asuntos —replicó—. Eso es un asunto mío y tengo que resolverlo yo mismo.

—Muy bien, si eso es lo que quieres —dije—. Hazlo a tu manera.

Sacó el dinero de la caja, aunque por aquella época siempre llevaba consigo un centenar de pesos, o más, y dijo que lo iba a hacer. Salió y, por supuesto, pensé que se ocuparía de ello.

Una semana después llegó el anuncio de que, no habiéndose recibido respuesta alguna a la última comunicación, el cuerpo de su madre había sido arrojado a la fosa común; ¡a la fosa común!

—¡Santo Cristo! —exclamé—, dijiste que pagarías eso, y sacaste el dinero de la caja para hacerlo. Y ahora, ¿qué le ha ocurrido a tu madre? ¡Dios mío! ¡Piensa en eso! ¡La fosa común y tu madre! ¿Por qué no dejaste que yo me ocupara? Lo hubiera hecho cuando llegó la primera notificación.

—No es nada que te importe. ¡Es mi madre!

—No es un asunto mío, ya lo sé, pero es un asunto tuyo. ¿Qué clase de sangre tienes en las venas para dejar que le hagan eso a tu madre? No mereces siquiera haberla tenido.

—Es mi madre —dijo—. Y ahora es mucho más querida para mí. Ahora no tengo que pensar que está enterrada en un sitio determinado y sentir tristeza por ello. Ahora está a mi alrededor, en el aire, como los pájaros y las flores. Ahora estará siempre conmigo.

—¡Cristo! —exclamé—. ¿Qué clase de sangre tienes? No quiero ni que me hables.

—Ella está a mi lado. Ahora nunca más estaré triste.

En aquella época gastaba el dinero con las mujeres, tratando de parecer un hombre y engañando a la gente, pero todo eso no causaba efecto alguno sobre los que lo conocían. Me debía sobre seiscientos pesos y no quería pagármelos.

—¿Por qué los quieres ahora? —preguntó—. ¿No confías en mí? ¿No somos amigos?

—No es cuestión de amistad, ni de confianza en ti. El caso es que pagué las cuentas con mi dinero mientras tú estabas fuera y ahora lo necesito y tienes que pagármelo.

—No lo tengo.

—Lo tienes —dije—. Está ahora en la caja y puedes dármelo.

—Necesito ese dinero para algo. Tú no sabes cuánto necesito ese dinero.

—Yo me quedé aquí mientras tú estabas en España y me autorizaste a que pagara esas cosas, a medida que llegaran las cuentas. Todas esas cosas de la casa. Mientras estuviste fuera no enviaste dinero y yo pagué más de seiscientos pesos de mi bolsillo y ahora necesito que me pagues, y puedes hacerlo.

—Lo haré pronto —dijo—. Ahora necesito enormemente ese dinero.

—¿Para qué?

—Eso es asunto mío.

—¿Por qué no me das algo a cuenta?

—No puedo —dijo—; necesito muchísimo ese dinero. Pero te pagaré.

Solo había celebrado dos corridas en España. Allí no podían soportarlo. En seguida lo "leyeron". Tenía siete nuevos trajes de luces; pero los preparó tan descuidadamente para el viaje, que cuatro de ellos quedaron arruinados por el agua de mar en el viaje de vuelta y ya no pudo llevarlos más.

—¡Dios mío! —le dije—. Te vas a España. Te pasas allí toda la temporada y solo haces dos corridas. Te gastas en trajes todo el dinero que llevas y luego los arruinas con agua de mar y no los puedes usar más. Así es como aprovechas una temporada y luego me dices que te ocupas de tus propios asuntos. ¿Por qué no me pagas el dinero que me debes para que pueda irme?

—Te necesito aquí —me dijo—, y te pagaré. Pero ahora necesito el dinero.

—¿Lo necesitas tanto, para pagar el derecho de la tumba de tu madre y para impedir que la arrojen a la fosa común, no es cierto?

—Me alegra lo que le ha ocurrido a mi madre —me dijo—. Tú no puedes comprenderlo.

—¡Gracias a Dios, no lo puedo comprender! ¡O me pagas lo que me debes o lo sacaré de la caja!

—Guardaré la caja yo mismo.

Esa misma tarde vino con un vagabundo. Algún tipo de su pueblo que se había venido abajo, y dijo:

—He aquí un paisano que necesita dinero para ir a su pueblo porque su madre está muy enferma. Dale cincuenta pesos de la caja.

—Me acabas de decir que no tenias dinero para pagarme y ahora quieres que le dé cincuenta pesos a este vagabundo.

—Es un paisano mío y está en un apuro.

—¡Perro! —exclamé y le di la llave de la caja—. Sácalo tú mismo. Me voy a la ciudad.

—No te molestes. Te pagaré.

Saqué el automóvil para irme a la ciudad. Era suyo, pero él sabia que yo lo manejaba mejor que él. Todo lo que él hacía yo podía hacerlo mejor. Él lo sabia. No sabía leer ni escribir. Iba a ver a alguien para saber qué tenía que hacer, para lograr que me pagara. Salió y dijo:

—Voy contigo y te voy a pagar. Somos buenos amigos y no hay necesidad de que no lo seamos.

Nos dirigimos a la ciudad; yo conducía. Justamente antes de entrar a la ciudad sacó del bolsillo veinte pesos.

—Aquí está el dinero —dijo.

—¡Perro sin madre! —exclamé, y le dije qué podía hacer con ese dinero—. Le diste cincuenta pesos a ese vagabundo y luego me ofreces veinte, cuando me debes seiscientos. No tomaré un centavo. ¡Ya sabes qué puedes hacer con eso!

Salí del automóvil sin un peso en el bolsillo. Ni siquiera sabía dónde iba a dormir aquella noche. Más tarde, fui con un amigo a recoger mis cosas de su casa. No lo vi nunca más, hasta este año. Lo encontré en Madrid andando con tres amigos, una noche que se dirigía al cine Callao, en la Gran Vía. Me tendió la mano.

—¡Hola, Rogelio, viejo amigo! —dijo—. ¿Cómo estás? La gente dice que tú hablas mal de mí. Que dices de mí las cosas más injustas.

—Todo lo que digo es que tú nunca tuviste madre —le dije. Eso es lo peor que puede decirse en España para insultar a un hombre.

—Es verdad —dijo—. Mi pobre madre murió cuando era tan pequeño que parece como si nunca la hubiera tenido. Es muy triste.

Eso es un marica. No se les puede conmover. Nada; nada del mundo puede conmoverlos. Gastan el dinero en sí mismos, o por vanidad, pero nunca pagan. Traten ustedes de conseguir que alguno de ellos les pague. Le dije lo que pensaba de él, allí mismo en la Gran Vía, frente a sus tres amigos. Pero ahora, cuando lo encuentro, me habla como si fuésemos amigos. ¿Qué clase de sangre tiene en las venas un hombre como ese?

PADRES E HIJOS

Había una señal de desvío en el centro de la calle principal del pueblo, pero los carros le habían pasado olímpicamente de largo, por lo que, creyendo que se trataba de alguna reparación ya finalizada, Nicholas Adams siguió conduciendo por la calle vacía y adoquinada, se detuvo en los semáforos intermitentes en ese domingo de poco tráfico, que desaparecerían el año que viene, cuando no se pudieran satisfacer los pagos del sistema de señalización; siguió bajo los frondosos árboles de la pequeña población que son parte de tu corazón si ese es tu pueblo y has caminado debajo de ellos, pero que para un forastero son solo demasiado frondosos y tapan el sol y hacen que las casas sean húmedas; pasó ante la última casa y desembocó en la carretera que subía y bajaba en la lejanía, con pendientes de tierra roja rebanadas limpiamente y el renuevo de los árboles a ambos lados. No era su región, pero era mediados de otoño y le gustaba cruzarla y contemplarla. El algodón ya se había cosechado, y en los calveros había parcelas de maíz, algunas veteadas de sorgo rojo, y conduciendo cómodamente, su hijo dormido en el asiento de al lado, el trayecto del día ya cumplido, sabiendo a qué población llegarían para pasar la noche, Nick observó qué campos de trigo contenían soya o guisantes, cómo se disponían los matorrales y los árboles talados, dónde se ubicaban las cabañas y las casas en relación con los campos y bosques; acechaba mentalmente el campo al pasar; evaluaba cada calvero en su condición de guarida y fuente de alimentos e imaginaba dónde encontraría una nidada y en qué dirección remontarían el vuelo las aves.

Cuando cazas codornices, una vez que los perros las han encontrado, no debes interponerte entre ellas y su guarida habitual, porque cuando se levanten se te tirarán encima, algunas remontando el vuelo bruscamente, otras rozándote las orejas, zumbando y alcanzando un tamaño que nunca les has visto adquirir en el aire cuando vuelan, y lo único que puedes hacer es volverte y disparar por encima del hombro cuando se alejan, antes de que desplieguen las alas y se dirijan hacia la espesura. Mientras acechaba aquel campo en busca de codornices tal como su padre le había enseñado, Nicholas Adams comenzó a pensar en su padre. En lo primero que pensaba siempre era en sus ojos. La recia constitución, los movimientos enérgicos, los hombros anchos, la nariz ganchuda de halcón, la barba que le cubría la escasa mandíbula, eran cosas en las que nunca pensabas: eran siempre los ojos. Los protegía la formación de las cejas; estaban profundamente engastados, como si para ese valioso instrumento se hubiese ideado una protección especial. Veían mucho más deprisa y mucho más lejos que el ojo humano normal, y eran el gran don de su padre. Su padre tenía tan buena vista como un carnero de las montañas o un águila, literalmente.

Estaba de pie con su padre a la orilla del lago, y por entonces su vista también era muy buena, y su padre decía:

—Han izado la bandera.

Nick no veía la bandera ni el asta.

—Allí —decía su padre—, es tu hermana Dorothy. Ha izado la bandera y ahora va al embarcadero.

Nick miraba al otro lado del lago y veía la orilla boscosa; detrás, los altos árboles madereros, el cabo que protegía la bahía, las colinas de color claro de la granja y el blanco de su propia casa en medio de los árboles, pero no podía ver ninguna asta de bandera, ni ningún embarcadero, solo el blanco de la playa y la curva de la orilla.

—¿Ves las ovejas que hay en la ladera, hacia el cabo?

—Sí.

Eran una mancha blanquecina sobre el verde grisáceo de la colina.

—Puedo contarlas —decía su padre.

Al igual que todos los hombres que poseen una facultad que sobrepasa las necesidades humanas, su padre era muy nervioso. Pero también era sentimental, y, como casi todos los hombres sentimentales, era causante y víctima de la crueldad. También tenía muy mala suerte, y no toda era culpa suya. Había muerto en una trampa que él mismo había ayudado a colocar, y antes de morir todo el mundo lo había traicionado de maneras distintas. A todas las personas sentimentales las traicionan muchas veces. Nick era incapaz de escribir acerca de él, aunque lo haría más adelante, pero la zona de codornices hizo que Nick se acordara de cómo era la época en que él era apenas un muchacho, y Nick le agradecía dos cosas: la caza y la pesca. Su padre era tan experto en esas dos actividades como inexperto en el sexo, por ejemplo, y a Nick le alegraba que hubiera sido así; pues alguien tiene que darte tu primera arma o la oportunidad de conseguirla y utilizarla, y si has de aprender algo de la caza o la pesca tienes que vivir donde haya, y ahora, a los treinta y ocho años, le encantaba cazar y pescar exactamente igual que la primera vez que fue con su padre. Era una pasión que nunca había remitido, y le estaba muy agradecido a su padre por habérsela dado a conocer.

Por lo que respecta a la cuestión en la que su padre no era experto, ya naces con el equipamiento que tendrás toda la vida, y todo hombre aprende lo que tiene que saber sin que nadie le aconseje; y tanto da dónde vivas. Recordaba muy vivamente las dos informaciones que su padre le había dado a ese respecto. Una vez que estaban de cacería Nick le disparó a una ardilla roja que estaba en un abeto. La ardilla cayó, herida, y cuando Nick la recogió el animal lo mordió limpiamente en la base del pulgar.

—Maldito maricón —dijo Nick, y aplastó la cabeza de la ardilla contra el árbol—. Mira, me ha mordido.

Su padre lo miró y dijo:

—Chupa la herida hasta que quede limpia y ponte un poco de yodo cuando llegues a casa.

—Maldito maricón —dijo Nick.

—¿Sabes lo que es un maricón? —le preguntó su padre.

—Pero si maricón se lo llamamos a todo —dijo Nick.

—Un maricón es un hombre que tiene relaciones sexuales con animales.

—¿Por qué? —dijo Nick.

—No lo sé —dijo su padre—. Pero es un crimen repugnante.

La imaginación de Nick se vio a la vez estimulada y horrorizada por esa idea, y pensó en varios animales, aunque ninguno le pareció atractivo o práctico, y ese fue todo el saber sexual que le legó su padre, exceptuando otro tema. Una mañana leyó en el periódico que Enrico Caruso había sido arrestado por achuchar a una muchacha.

—¿Qué es achuchar?

—Es uno de los crímenes más repugnantes —respondió su padre. En la imaginación de Nick el gran tenor contaba con la complicidad de un chucho para hacerle algo extraño, extravagante y repugnante a una hermosa mujer que se parecía a las fotos de Anna Held que se veían en el interior de las cajas de puros. Decidió, con considerable horror, que cuando tuviera edad intentaría achuchar al menos una vez.

Su padre resumió el tema afirmando que la masturbación producía ceguera, locura y muerte, y que un hombre que iba con prostitutas contraía repugnantes enfermedades venéreas, y que lo que había que hacer era abstenerse de tocar a nadie. Por otro lado, su padre tenía los mejores ojos que había visto nunca, y Nick lo quiso mucho y durante mucho tiempo. Ahora que sabía cómo había ido todo, ni siquiera valía la pena recordar la época anterior a cuando las cosas se torcieron. Si escribía se liberaría de ello. Escribiendo se había librado de muchas cosas. Pero seguía siendo demasiado pronto. Aún había demasiadas personas vivas. De modo que decidió pensar en otra cosa. No había nada que hacer con su padre, y era algo que había reflexionado muchas veces.

El estupendo trabajo que los de la funeraria habían hecho en la cara de su padre permanecía nítido en su mente, y todo lo demás estaba bastante claro, incluyendo las responsabilidades. Había felicitado al empleado de la funeraria. Y este se había sentido orgulloso y petulantemente complacido. Pero la última cara que había visto de su padre no la había creado el de la funeraria. Solo había llevado a cabo algunas reparaciones vigorosamente ejecutadas de dudoso mérito artístico. La cara se había hecho a sí misma a lo largo de mucho tiempo. Se había modelado deprisa en los tres últimos años. Era una buena historia, pero aún había demasiada gente con vida para contarla.

La propia educación de Nick acerca de las cuestiones mencionadas anteriormente había tenido lugar en el bosque de abetos que había detrás del campamento indio. Se llegaba por un sendero que salía de su casa y llegaba a la granja cruzando el bosque, y luego a través de una carretera que serpenteaba entre los calveros hasta el campamento. Era como si aún pudiera sentir todo ese sendero en sus pies descalzos. Primero venía la tierra cubierta de agujas de pino que cruzaba los abetos por detrás de la casa, donde los troncos caídos se convertían en polvo de madera, y donde unas astillas largas de madera colgaban corno jabalinas en aquel árbol alcanzado por un rayo. Cruzabas el arroyo por encima de un tronco, y si te caías te manchaba la mugre negra del pantano. Para salir del bosque tenías que sortear una cerca, y el sendero se endurecía al sol y cruzaba un campo de cultivo y acedera y gordolobo, y a la izquierda el tembloroso tremedal del fondo del río donde se alimenta el chorlo gritón. Junto a ese arroyo estaba el cobertizo, y más abajo había estiércol fresco y tibio, y, ya agrietado en lo alto, el más viejo. Luego había otra cerca y el sendero duro y caliente que iba del cobertizo a la casa y la carretera arenosa y caliente que bajaba hasta el bosque, cruzando el arroyo, esta vez sobre un puente, donde crecían las eneas que empapabas de queroseno para hacer las antorchas que se utilizan para ir a arponear peces de noche.

Luego la carretera principal viraba a la izquierda, orillando el bosque y subiendo la colina, y te internabas en el bosque por un camino ancho de arcilla y pizarra, fresco bajo los árboles, y ensanchado para poder transportar la corteza de abeto que los indios cortaban. La corteza de abeto se amontonaba en largas hileras, y se la protegía con una especie de cubierta de corteza, como una casa, y los troncos ya pelados se veían enormes y amarillos allí donde habían talado los árboles. Dotaban los troncos en el bosque para que se pudrieran, ni siquiera aclaraban ni quemaban las copas. Lo único que querían era la corteza para la curtiduría de Boyne City, en invierno la transportaban por el lago cuando estaba helado, y cada día había menos bosque y más claros cálidos, sin sombra, donde crecían las malas hierbas.

Pero todavía quedaba mucho bosque, bosque virgen donde los árboles se alzaban altos antes de que se viera ninguna rama, y caminabas sobre la tierra marrón, limpia, mullida de agujas sin sotobosque, y era fresca en los días de más calor, y los tres estaban echados y apoyados contra el tronco de un abeto más ancho que la longitud de dos camas, con la brisa soplando en las copas y la fresca luz filtrándose a manchas, y Billy dijo:

—Vuelves a querer a Trudy?

—¿Tú qué dices?

—Ajá.

—Vamos.

—No, aquí.

—Pero Billy…

—No te preocupes por Billy. Es mi hermano.

Luego estuvieron sentados, los tres, escuchando una ardilla negra que estaba en las copas, donde no podían verla. Esperaban que volviera a chillar, porque cuando lo hacía meneaba la cola, y Nick dispararía en cuanto viera el menor movimiento. Su padre solo le daba tres cartuchos al día para cazar, y él tenía una escopeta de calibre veinte de un solo cañón, aunque muy largo.

—La hija de puta no se mueve nunca —dijo Billy.

—Dispara, Nickie. Asústala. La veremos saltar. Dispárale otra vez —dijo Trudy. Era más de lo que solía decir.

—Solo me quedan dos cartuchos —dijo Nick.

—Hija de puta —dijo Billy.

Volvieron a apoyarse contra el árbol y se quedaron en silencio. Nick se sentía vacío y feliz.

—Eddie dice que una noche de estas vendrá a dormir con tu hermana Dorothy.

—¿Que?

—Eso ha dicho.

Trudy asintió.

—Eso es lo que más desea —dijo Trudy. Eddie era su hermanastro mayor. Tenía diecisiete años.

—Si Eddie Gilby apareciera alguna noche y hablara con Dorothy, ¿sabes lo que le haría? Así es cómo lo mataría —Nick montó la escopeta y casi sin apuntar apretó el gatillo, formando un agujero tan grande como la mano en la cabeza o la barriga de ese mestizo cabrón de Eddie Gilby—. Así mismo. Así mismo lo mataría.

—Entonces mejor que no vaya —dijo Trudy. Metió la mano en el bolsillo de Nick.

—Mas vale que se ande con ojo —dijo Billy.

—Es un bocón —dijo Trudy, explorando el bolsillo de Nick—. Pelo no lo mates. Te meterías en un buen lío.

—Así mismo lo mataría —dijo Nick. Eddie Gilby estaba en el suelo, con el pecho destrozado. Orgulloso, Nick le puso el pie encima.

—Le arrancaría la cabellera —dijo, feliz.

—No —dijo Trudy—. Eso es asqueroso.

—Le arrancaría la cabellera y se la enviaría a su madre.

—Su madre está muerta —dijo Trudy—. No lo mates, Nickie. No lo mates, hazlo por mí.

—Cuando le corte la cabellera la arrojaré a los perros.

Billy estaba muy deprimido.

—Mejor que se ande con cuidado —dijo con aire lúgubre.

—Lo harían pedazos —dijo Nick, contento con la imagen.

A continuación, tras haber quitado la cabellera de ese mestizo renegado, de pie, contemplando cómo los perros lo hacían pedazos, la cara impasible, cayó hacia atrás contra el árbol; alguien lo sujetaba por el cuello, Trudy lo sujetaba, lo asfixiaba, gritaba:

—¡No lo mates! ¡No lo mates! ¡No lo mates! No. No. No. Nickie. Nickie. ¡Nickie!

—¿Qué pasa contigo?

—No lo mates.

—Tengo que matarlo.

—No es más que un bocón.

—Muy bien —dijo Nickie—. No lo mataré si no se presenta por mi casa. Suéltame.

—Está bien —dijo Trudy—. ¿Quieres que hagamos algo ahora? Ahora estoy bien.

—Si Billy se va.

Nick había matado a Eddie Gilby, luego le había perdonado la vida, y ahora era un hombre.

—Vete, Billy. Siempre estás dándome vueltas. Vete.

—Hijo de puta —dijo—. Ya estoy harto de esto. ¿A qué hemos venido? ¿A cazar o a qué?

—Coge la escopeta. Queda un cartucho.

—Muy bien. Voy a matar una gran ardilla negra ahora mismo.

—Te pegaré un grito —dijo Nick.

Luego, mucho tiempo después, Billy aún no había vuelto.

—¿Crees que haremos un bebé? —Trudy cruzó sus piernas morenas, feliz, y se restregó contra Nick. Algo dentro de Nick estaba lejos, muy lejos.

—No lo creo —dijo él.

—Haremos muchos bebés, qué demonios.

Oyeron disparar a Billy.

—Me pregunto si habrá cazado alguna.

—No te preocupes —dijo Trudy.

Billy apareció entre los árboles. Llevaba la escopeta al hombro y sujetaba una ardilla negra por las patas delanteras.

—Mira —dijo—. Más grande que un gato. ¿Han acabado?

—¿Dónde la has encontrado?

—Allí. Primero la vi saltar.

—Tengo que irme a casa —dijo Nick.

—No —dijo Trudy.

—Tengo que llegar para la cena.

—Muy bien.

—¿Quieres cazar mañana?

—Muy bien.

—Puedes quedarte con la ardilla.

—Muy bien.

—¿Sales después de cenar?

—No.

—¿Cómo estás?

—Bien.

—Estupendo.

—Dame un beso en la cara —dijo Trudy.

Ahora, mientras Nick iba por la carretera y oscurecía, ya había dejado de pensar en su padre. El final del día nunca se lo recordaba. El final del día pertenecía tan solo a Nick, y no se sentía bien hasta el momento en que conseguía estar solo. Su padre regresaba a sus recuerdos en otoño, o a principios de primavera, cuando había agachadizas en la pradera, o cuando veía gavillas de maíz, o cuando veía un lago, o si alguna vez veía un caballo o una calesa, o cuando veía u oía gansos salvajes, o en un acechadero de patos; al recordar aquella vez en que un águila cayó a través de la nieve arremolinada sobre un señuelo cubierto de lona, y se alzó, batiendo las alas y con las garras atrapadas en la lona. Su padre, de repente, estaba con él en huertos abandonados y en campos recién arados, en matorrales, en pequeñas colinas, o cuando había hierba muerta, siempre que partía troncos o trajinaba agua, junto a moliendas de maíz, lagares y presas, y siempre que hacía una hoguera. Su padre no había conocido las poblaciones donde él había vivido. Después de los quince años no había compartido nada con él.

Su padre tenía escarcha en la barba cuando hacía frío y en verano sudaba mucho. En la granja le gustaba trabajar al sol porque no tenía ninguna obligación de hacerlo y le encantaba el trabajo manual, aunque a Nick no. Nick quería a su padre pero detestaba su olor, y una vez tuvo que llevar un juego de ropa interior de su padre porque se le había quedado pequeña, y le dio náuseas y se la quitó y la dejó en el arroyo debajo de dos piedras y dijo que la había perdido. Le dijo a su padre lo que sentía cuando este se la hizo poner, pero su padre le contestó que estaba recién lavada. Cuando Nick le pidió que la oliera, su padre se la acercó a la nariz indignado y dijo que estaba limpia y fresca. Cuando, después de haber ido a pescar, Nick volvió a casa sin la ropa y dijo que la había perdido fue azotado por mentir.

Luego se sentó en la leñera con la puerta abierta, la escopeta cargada y amartillada, con la mirada fija en su padre, que estaba sentado en el balcón leyendo el periódico, y pensó: «Puedo volarle los sesos. Puedo matarlo». Finalmente sintió que se le esfumaba la cólera y sintió náuseas de estar allí con la escopeta que su padre le había regalado. Luego se fue al campamento indio, caminando en la oscuridad, para librarse del olor. En su familia solo había una persona a la que le gustaba ese olor, una de sus hermanas. Todos los demás evitaban cualquier contacto con él. Cuando empezó a fumar dejó de tener el olfato tan fino. Lo prefería. Un olfato tan fino estaba bien para un perro de caza, pero a un hombre no lo ayudaba.

—Papá, háblame de cuando eras niño e ibas a cazar con los indios.

—No me acuerdo —Nick se sobresaltó. Ni se había dado cuenta de que el niño estaba despierto. Lo miró, sentado junto a él en el asiento. Se había sentido bastante solo, pero ese crío había estado con él. Se preguntó por cuánto tiempo—. Nos pasábamos el día fuera cazando ardillas negras —dijo—. Mi padre solo me daba tres cartuchos al día porque decía que eso me enseñaría a cazar y que no era bueno para un muchacho ir por ahí pegando tiros. Iba con un muchacho llamado Billy Gilby y con su hermana Trudy. En verano salíamos casi cada día.

—Qué nombres más raros para unos indios.

—Sí, ¿verdad? —dijo Nick.

—Pero cuéntame cómo eran.

—Eran ojibways —dijo Nick—. Y muy simpáticos.

—Pero, ¿cómo eran?

—Es difícil de decir —empezó Nick Adams. Cómo podía explicarle que ella fue la primera en hacer lo que nadie ha hecho nunca mejor y mencionar sus piernas morenas y rollizas, su vientre plano, sus pechos pequeños y duros, aquellos brazos que sujetaban fuerte, una lengua rápida y escrutadora, los ojos planos, el sabor agradable de la boca, y luego la sensación incómoda, tensa, dulce, húmeda, deliciosa, tensa, dolorosa, plena, final, interminable, de nunca acabar, que no acabará nunca, que de repente acaba, el gran pájaro remonta el vuelo como un búho en el crepúsculo, solo que era pleno día en el bosque y las agujas de abeto se te clavaban en la tripa. De manera que cuando vas a un lugar donde han vivido indios hueles su ausencia y todas las botellas vacías de matapenas y las moscas que zumban no apagan el olor a hierba de búfalo, el olor a humo y ese otro como a piel de marta recién arrancada. Ni todos los chistes de indios ni las viejas indias lo quitan. Ni el olor dulzón y nauseabundo que acaban teniendo. Ni cómo acabaron. No fue cómo acabaron. Todos acabaron igual. Hace mucho tiempo bueno. Ahora no tan bueno.

Y acerca de lo otro. Cuando has abatido un pájaro que vuela has abatido todos los pájaros. Son todos distintos y vuelan de maneras distintas, pero la sensación es la misma y el último es tan bueno como el primero. Podía darle las gracias a su padre por eso.

—A lo mejor no te gustarían —le dijo Nick al muchacho—. Pero yo creo que sí.

—Mi abuelo también vivió con ellos cuando era pequeño, ¿verdad?

—Sí. Y cuando yo le preguntaba cómo eran decía que tenía muchos amigos entre ellos.

—¿Alguna vez viviré con ellos?

—No lo sé —dijo Nick—. Eso es cosa tuya.

—¿Hasta qué edad he de esperar para tener una escopeta y poder cazar solo?

—Si veo que eres una persona prudente, hasta los doce años.

—Ojalá ya los tuviera.

—Pronto los tendrás.

—¿Cómo era mi abuelo? Lo único que recuerdo de él es que me regaló una escopeta de aire comprimido y una bandera estadounidense aquella vez que volví de Francia. ¿Cómo era?

—Es difícil describirlo. Era un gran cazador y un gran pescador y tenía una vista maravillosa.

—¿Mejor que tú?

—Era mucho mejor tirador, y su padre también fue un gran cazador de aves.

—Seguro que no era mejor que tú.

—Oh, sí que lo era. Disparaba muy deprisa y muy bien. Preferiría verlo disparar a él que a ninguna otra persona que he conocido. Siempre le decepcionó mucho mi manera de disparar.

—¿Por qué nunca vas a rezar a la tumba de mi abuelo?

—Vivimos en una parte distinta del país. Está muy lejos de aquí.

—En Francia eso no tendría importancia. En Francia iríamos. Creo que debería ir a rezar a la tumba de mi abuelo.

—Algún día iremos.

—Espero que no vivamos en un lugar que no me permita ir a rezar a tu tumba cuando mueras.

—Tendremos que hacer algo al respecto.

—¿Crees que podríamos hacer que nos enterraran a todos en un sitio que nos resultara práctico? Podrían enterrarnos a todos en Francia. Eso estaría bien.

—No quiero que me entierren en Francia —dijo Nick.

—Bueno, pues entonces en un lugar de Estados Unidos que nos vaya bien. ¿No nos podrían enterrara todos en el rancho?

—Esa es una buena idea.

—Así podría detenerme en la tumba de mi abuelo de camino al rancho.

—Eres tremendamente práctico.

—Bueno, no me gusta pensar que nunca he visitado la tumba de mi abuelo.

—Tendremos que ir —dijo Nick—. Ya veo que tendremos que ir.

UN CUENTO BANAL

De modo que comió la naranja lentamente, escupiendo las semillas. Afuera, la nieve se transformaba en lluvia. Dentro, la estufa eléctrica parecía no dar calor; levantándose de su escritorio, se sentó al lado de ella. ¡Qué bien se estaba! ¡Esto era vivir!

Tomó otra naranja. Allá lejos, en París, Mascart había noqueado a Danny Frush en el segundo round. Más lejos aún, en Mesopotamia, había siete metros de nieve. Atravesando el mundo, en la distante Australia, los jugadores de críquet británicos aguzaban sus palos. Todo eso era romántico.

Leyó que los patronos de las artes y las letras habían descubierto el *Forum*. Es la guía, el filósofo y el amigo de la minoría pensante. Cuentos de primera categoría; ¿acaso estos mismos autores escribirán los libros más exitosos del mañana?

Usted podrá disfrutar de esos cálidos y hogareños cuentos norteamericanos, pedazos de vida real, en el amplio rancho, en el apartamento abarrotado o en la casa cómoda, todos ellos impregnados de una sana corriente de buen humor.

Debo leerlos, pensó.

Continuó leyendo: ¿Qué será de los hijos de nuestros hijos? Deben descubrirse nuevos medios para hallar un lugar en el mundo para nosotros. ¿Se logrará con la guerra o por medios pacíficos?

¿O tendremos que irnos todos al Canadá?

La ciencia, ¿desbaratará nuestras más profundas convicciones? ¿Nuestra civilización es inferior a algún orden de cosas más antiguo?

Y, entretanto, en las lejanas selvas del Yucatán, suenan las hachas de los que hienden los árboles de caucho.

¿Queremos los hombres más grandes o los preferimos cultos? Tomemos a Joyce. Al presidente Coolidge. ¿Qué astro tendrían que elegir nuestros estudiantes para emular? Ahí está Jack Britton. El doctor Henry Van Dyke. ¿Podemos acaso reconciliar los puntos de vista de ambos? Tomemos el caso de Young Stribling.

Y ¿qué ocurrirá a nuestras hijas que deben hacer sus propios sondeos en la vida? Nancy Hawthorne está obligada a hacer los suyos en el proceloso mar de la vida. Valiente y cuerdamente hace frente a los problemas de toda jovencita de dieciocho años.

Era un folleto espléndido.

¿Es usted una niña de dieciocho años? Tome usted el caso de Juana de Arco. El caso de Bernard Shaw. El caso de Betsy Ross.

Piense en 1925 en todas estas cosas: ¿hubo alguna página atrevida en la historia de los puritanos?

La poesía y los cuadros modernos, ¿son arte? Sí y no. Tomemos a Picasso.

¿Tienen los vagabundos algún código de conducta? Dé rienda suelta a su fantasía.

En todas partes existe el romance. Los escritores de *Forum* van al punto, poseen humor e ingenio. Pero nunca tratan de ser demasiado listos ni farragosos.

Viva usted la vida plena de la mente, acuciado por nuevas ideas, intoxicado por el romanticismo de lo inusual.

Dejó el folleto.

Entretanto, tendido en el lecho de una habitación oscura de su casa en Triana, Manuel García Maera se ahogaba de neumonía, con un tubo en cada pulmón. Todos los diarios de Andalucía dedicaban suplementos especiales a su muerte, que desde días se esperaba. Hombres y muchachos compraban fotografías a todo color para recordarlo, y perdían el retrato que de él se habían formado en sus recuerdos al mirar las litografías. Los toreros respiraban aliviados porque él hacía siempre en el ruedo las cosas que ellos solo podían realizar de vez en cuando. Marchaban bajo la lluvia detrás de su ataúd y ciento cuarenta y siete toreros lo siguieron al cementerio, donde fue enterrado al lado de Joselito. Después del funeral, todos acudieron a sentarse a los cafés, a cubierto de la lluvia, y los hombres compraban muchas fotografías en colores de Maera, las arrollaban y se las metían en los bolsillos.

UN DÍA DE ESPERA

Cuando entró al cuarto para cerrar las ventanas, mientras estábamos todavía en la cama, se veía enfermo. Tiritaba, tenía el rostro pálido y caminaba tenuemente, como si le doliera moverse.

—¿Qué te pasa, Schatz?

—Me duele la cabeza.

—Más vale que te acuestes nuevamente.

—No. Estoy bien.

—Acuéstate, iré a verte en cuanto me vista.

Pero al bajar la escalera lo encontré vestido, sentado junto al fuego. Era un niño de nueve años y parecía muy enfermo. Puse mi mano sobre su frente y noté que tenía fiebre.

—Vete a la cama —dije—, estás enfermo.

—Estoy bien —replicó.

El doctor llegó y le tomó la temperatura.

—¿Cuánto tiene? —le pregunté.

—Ciento dos grados.

En la planta baja el doctor dejó tres distintas medicinas en cápsulas de distintos colores con instrucciones para dárselas. Una era para bajar la fiebre, otra era un purgante y la tercera era para corregir una condición ácida. Según explicó, los gérmenes de la gripe solamente pueden existir en un medio ácido. Parecía saber todo acerca de la gripe y dijo que no había nada de qué preocuparse mientras la fiebre no pasara de ciento cuatro grados. Se trataba de una ligera epidemia de gripe, y no había peligro si uno evitaba la pulmonía.

De vuelta en la habitación apunté la temperatura del muchacho e hice una nota de las horas en que debía administrarle las distintas cápsulas.

—¿Quieres que te lea un poco?

—Bueno, si tú quieres —dijo el niño. Su cara, muy pálida, mostraba enormes ojeras. Se hallaba recostado e inmóvil, y parecía ajeno a todo lo que sucedía a su alrededor.

Leí en voz alta el *Libro de los piratas* de Howard Pyle, pero advertí que no seguía la lectura.

—¿Cómo te sientes, Schatz? —le pregunté.

—Hasta ahora, igual —contestó.

Me senté al pie de la cama y me puse a leer en silencio mientras llegaba la hora de darle la siguiente cápsula. Lo normal hubiera sido que se durmiera, pero cuando levanté los ojos me percaté de que miraba en forma extraña hacia los pies de la cama.

—¿Por qué no tratas de dormir? Te despertaré para que tomes la medicina.

—Prefiero permanecer despierto.

Pasado un rato me dijo:

—No tienes que quedarte aquí conmigo, papá, si esto te molesta.

—No me molesta.

—No, quiero decir que no tienes que quedarte si esto te va a molestar.

Pensé que estaba delirando, y después de darle las cápsulas de las once salí un rato.

El día era brillante y frío. El suelo estaba cubierto de aguanieve que se había congelado, y hacía lucir los árboles, los arbustos, el breñal cortado, pasto y el suelo desnudo como si hubieran sido barnizados con hielo. Ahuyenté una bandada de codornices de un alto banco de arcilla del que colgaban, y maté dos en el momento en que desaparecían por encima del banco. Algunas aves se posaron en los árboles, pero la mayoría se diseminaron por los arbustos y fue necesario saltar varias veces en los montículos para que volaran. Cuando lo hacían, mientras yo permanecía inseguro de pie sobe los arbustos revestidos de hielo, me era muy difícil disparar. Sin embargo maté dos, fallé el tiro a cinco e inicié el regreso a casa feliz de haber encontrado una bandada cerca y de que quedaran tantas para volver otro día.

En casa me dijeron que el muchacho se había rehusado a permitir que alguien entrara al cuarto.

—No puedes entrar —me dijo—. No debes contagiarte de lo que tengo.

Me le acerqué y lo encontré exactamente en la misma posición en que lo había dejado, el rostro pálido, la parte superior de las mejillas enrojecida por la fiebre, y mirando fijamente, como antes, hacia los pies de la cama. Le tomé la temperatura.

—¿Cuánto tengo?

—Cerca de cien —respondí. Tenía ciento dos con cuatro décimas.

—Eran ciento dos —afirmó.

—¿Quién dijo eso?

—El doctor.

—Tu temperatura está bien —le dije—. No hay de qué preocuparse.

—No me preocupo —replicó—, pero no puedo dejar de pensar.

—No pienses —le dije—. Tómalo con calma.

—Lo estoy tomando con calma —declaró, y clavó la mirada hacia adelante. Evidentemente estaba tenso por algo.

—Tómate esto con agua.

—¿Crees que sirva de algo?

—Desde luego que sí.

Me senté, abrí el libro de piratas y empecé a leer, pero me di cuenta de que no ponía atención y dejé de hacerlo.

—¿A qué hora crees que voy a morir? —preguntó.

—¿Qué?

—¿Cuánto tiempo pasará antes de que muera?

—No te vas a morir. ¿Qué te pasa?

—Sí me voy a morir. Le oí decir ciento dos.

—La gente no se muere con una fiebre de ciento dos. Qué tontería.

—Yo sé que sí. En la escuela en Francia mis compañeros me dijeron que no puedes vivir con cuarenta y cuatro grados. Yo tengo ciento dos.

Todo el día, desde las nueve de la mañana, había estado esperando la muerte.

—Pobre Schatz —le dije—. Pobre Schatz. Esto es como las millas y los kilómetros. No te vas a morir. Es un termómetro distinto. En ese termómetro treinta y siete es normal. En este es noventa y ocho.

—¿Estás seguro?

—Absolutamente —le dije—. Es como las millas y los kilómetros. ¿Tú sabes a cuántos kilómetros vamos cuando viajamos a setenta millas en un coche?

—¡Ah! —exclamó.

Pero su mirada, fija en los pies de la cama, se alivió lentamente. Su tensión disminuyó también y al día siguiente, muy relajado, lloraba muy fácilmente por cosas pequeñas que no tenían importancia.

TAL COMO NUNCA SERÁS

Nick Adams no había visto a nadie desde que dejó a Fornaci, aunque mientras pedaleaba a lo largo del camino, a través del país tupido de vegetación, pudo alcanzar a ver los cañones escondidos tras de grandes pantallas de hojas de morera, a la izquierda del camino. Los notó por las olas de calor que se movían en el aire, sobre las hojas, debido a la reverberación producida por el calor del sol sobre el metal. Andaba por el pueblo, sorprendido de encontrarlo desierto, y así llegó al camino bajo, que corría paralelo a la ribera del río. A la salida del pueblo había un espacio abierto y pelado, donde el camino se inclinaba hacia el río. Pudo ver el plácido correr de las aguas, la curva baja de la ribera opuesta y el lodo blanquecino que habían sacado los austríacos al cavar sus trincheras. Todo estaba lozano y lleno de verdor tal como lo había contemplado la última vez. El haberse transformado en un lugar histórico no había cambiado para nada su aspecto.

El batallón se hallaba apostado a lo largo de la orilla, hacia la izquierda. En lo alto de la ribera había una serie de agujeros, y en ellos algunos hombres. Nick notó dónde habían sido colocadas las ametralladoras. Los hombres que se hallaban en los agujeros cavados en la ribera, dormían. Nadie le dio el alto. Siguió caminando y al dar vuelta alrededor de un meandro de la orilla, lleno de lodo, un segundo teniente le apuntó con una pistola. Era un joven de barba tupida, tenía los párpados enrojecidos y cruzados de rojas venas.

—¿Quién es usted?

Nick se lo dijo.

—¿Cómo puedo saber que es verdad?

Le enseñó el registro con la fotografía, su identificación y el sello del tercer ejército.

—Me lo guardaré.

—No —dijo Nick—. Devuélvame la tarjeta y aparte esa pistola; póngala allí, en la cartuchera.

—¿Como puedo saber quién es usted?

—El registro se lo dice.

—¿Y si el registro es falso? Deme esa tarjeta.

—No sea tonto —dijo Nick alegremente—. Lléveme ante el comandante de la compañía.

—Lo enviaré al cuartel general del batallón.

—Está bien —dijo Nick—. Escuche; ¿conoce usted al capitán Parravicini? ¿Ese alto con un bigotito pequeño, que fue arquitecto y que habla inglés?

—¿Lo conoce usted?

—Un poco.

—¿Qué compañía tenía a su órdenes?

—La segunda.

—Ahora está al mando del batallón.

—Bueno —se sintió aliviado al saber que nada le había pasado a Parra—. Vamos al cuartel.

Al dejar Nick el pueblo, tres "shrapnells" habían estallado en el aire a la derecha de las casas destruidas. Desde entonces había cesado el bombardeo. Pero el oficial tenía la cara de un hombre durante un bombardeo. La misma dureza de rasgos; y su voz no sonaba natural. A Nick lo ponía nervioso la pistola.

—Guarde eso —dijo—. Ahora nos separa de ellos el río entero.

—Si creyera que es usted un espía lo mataría ahora mismo —dijo el segundo teniente.

—Vamos —dijo Nick—. Lléveme al cuartel del batallón.

El oficial lo ponía nervioso.

El capitán Parravicini, mayor interino, más delgado y con más aspecto de inglés que nunca, se puso de pie cuando Nick saludó desde detrás de la mesa en el subterráneo de la trinchera, donde se hallaba el cuartel general del batallón.

—¡Hola! —dijo—. No lo había conocido. ¿Qué hace usted con ese uniforme?

—Me han metido dentro de él.

—Me alegro mucho de verlo, Niccolo.

—Gracias. Está usted muy bien. ¿Qué tal fue la función?

—Hemos hecho un ataque magnífico. Verdaderamente. Un ataque muy bueno. Se lo mostraré. Vea usted.

Le fue mostrando, en un mapa, cómo se habla desarrollado el ataque.

—Vengo de Fornaci —dijo Nick—. Pude ver claramente cómo se había desarrollado la acción. Fue muy buena.

—Fue extraordinaria. Verdaderamente extraordinaria. ¿Está usted asignado al regimiento?

—No. Tengo que hacerles ver el uniforme. Esa es mi misión.

—¡Qué extraño!

—Se supone que el ver un uniforme norteamericano les hará creer que pueden venir otros.

—Pero, ¿cómo sabrán que es un uniforme norteamericano?

—Usted se lo dirá.

—Ya veo. Por supuesto. Enviaré un cabo con usted para que lo vean y hará usted un viaje de inspección por las líneas.

—Como un maldito político —dijo Nick.

—Se distinguiría usted mucho más en ropas civiles.

—Sí, y con gorra.

—O con un abrigo de pieles.

—Se supone que tengo los bolsillos llenos de cigarrillos, tarjetas postales y otras cosas por el estilo —dijo Nick—. Debiera llevar una caja llena de chocolate. Y debería distribuirlo todo con una palabra bondadosa y una palmada en la espalda. Pero no tengo ni cigarrillos, ni tarjetas postales, ni chocolate. De modo que ellos dicen que tengo que dar vueltas por ahí para enseñar el uniforme.

—Estoy seguro de que su aspecto aleccionará a las tropas.

—Quisiera que fuera así —dijo Nick—, porque me siento bastante molesto. En principio debí haberle traído a usted por lo menos una botella de coñac.

—En principio —dijo Parra, y sonrió por primera vez, mostrando dos hilaras de dientes amarillentos—. ¡Qué hermosa expresión! ¿Quiere un poco de grapa?

—No; gracias.

—No tiene éter.

—De todos modos, no puedo tragarla —Nick recordó súbita y completamente.

—Nunca supe que usted estaba beodo hasta que comenzó a hablar al volver en los camiones.

—Estaba borracho en todos los ataques —dijo Nick.

—Yo no puedo hacerlo —dijo Parra—. Lo hice en la primera demostración, la primera de todas y lo único que conseguí fue estar trastornado y luego horrorosamente sediento.

—Usted no lo necesita.

—Usted es mucho más valiente que yo, en un ataque.

—No —dijo Nick—. Yo sé cómo soy y prefiero estar borracho. No me avergüenzo de ello.

—Yo nunca lo he visto borracho.

—¿No? ¿Nunca? ¿Ni siquiera cuando aquella noche íbamos en automóvil de Mestre a Porto Grande y quería echarme a dormir utilizando la bicicleta como manta, y la coloqué debajo de mi barbilla?

—Eso no ocurrió en el frente.

—No hablemos de cómo soy —dijo Nick—. Es un tema que conozco demasiado para pensar más en él.

—De todos modos, puede usted quedarse aquí durante un tiempo —dijo Parravicini—. Puede echar una siesta si quiere; aún hace demasiado calor para salir.

—Supongo que no hay prisa.

—¿Cómo se siente usted, realmente?

—Muy bien. Estoy perfectamente bien.

—No. Quiero decir, realmente.

—Estoy bien. No puedo dormir sin una luz cualquiera. Eso es todo lo que tengo.

—Creo que debían haber trepanado eso. No soy médico, pero conozco ese asunto.

—Bueno; ellos creyeron que sería mejor dejar que se reabsorbiera solo, y eso es lo que tengo. ¿Qué pasa? ¿Me cree usted loco, no es cierto?

—Parece usted estar muy bien.

—Es una molestia. Después de haber sido certificado como chiflado, nadie confía más en uno.

—Yo, en su lugar, ahora me echaría una siesta, Niccolo —dijo Parravicini—. Este no es un cuartel general de batallón como el que conocíamos nosotros. Estamos aguardando justamente que nos den orden de avanzar. No debe usted salir ahora con este calor; sería una tontería. Use ese catre.

—Me tenderé un poco —dijo Nick.

Nick se echó en el catre de campaña. Se sentía muy desilusionado por hallarse así, y más todavía porque su estado había resultado evidente al capitán Parravicini. El subterráneo donde se encontraba no era tan grande como aquel donde el pelotón de la clase 1899 se sintió atacado de histeria durante el bombardeo, antes del ataque. Esto ocurrió a poco de llegar al frente. Parra ordenó a Nick que los hiciera caminar fuera, de a dos por vez, para convencerles de que nada podría suceder. Nick se había puesto el barboquejo del casco cruzado sobre la boca para mantener sus labios quietos; aun sabiendo que no lo lograría. ¡Esas malditas balas de cañón!

Si no puede dejar de gritar, rómpale la nariz para darle algo en qué pensar. Tendría que haberle pegado un tiro a uno; ahora es demasiado tarde. Pero tal vez hubiera sido peor, rómpale la nariz. Tienen que estar de nuevo dentro, a las cinco y veinte. Solo tenemos cuatro minutos por delante. Rómpale la nariz a esa otra cucaracha idiota y eche de un puntapié a ese asno. ¿Cree usted que podrán sobreponerse? Si no, pégueles un tiro a los dos y trate de que los demás se calmen. Manténgase detrás de ellos, sargento; no hay necesidad de andar delante para ver después que nadie le sigue. ¡Qué balas malditas! ¡Está bien! ¡Todo está bien! Luego, mirando el reloj, con ese tono de calma, ese valioso tono de calma, dijo: "Savoia". Calmar a aquellos, sin tiempo para conseguirlo, cuando no podía calmarse a sí mismo después del hundimiento. Todo extremo de la trinchera se había derrumbado. Calmarlos, para hacerlos subir por aquella pendiente, la única vez que lo había hecho sin estar borracho. Y después que volvieron, la teleférica estaba incendiada y algunos de los heridos aparecieron cuatro días después y otros no aparecieron nunca. Pero subimos y volvimos y bajamos; bajamos siempre, siempre bajando. Y allí estaba Gaby Delys, por extraño que parezca, vestida con sus plumas. Tú me llamabas muñequita, hace un año, y también decías que era más bien bonita, con las plumas, y sin las plumas. La gran Gaby. Y mi nombre es Harry Pilcer. Acostumbrábamos a bajarnos por el lado más alejado del taxímetro, cuando el automóvil subía la colina. Él veía esa colina todas las noches cuando soñaba con el Sacré Coeur, que después estallaba en blanco, como una pompa de jabón. Algunas veces su muchacha estaba allí y a veces estaba con algún otro, y él no podía entenderlo. Pero aquellas eran las noches en que el río corría mucho más ancho y más quieto que nunca. En las afueras de Fossalta había una casa baja pintada de amarillo, rodeada de sauces. A su lado, a orillas del canal, se levantaba un viejo establo. Él había estado allí mil veces y nunca la había visto. Pero se le aparecía todas las noches, tan claramente como la colina, y solo para atemorizarlo. Esa casa significaba más que cualquier otra cosa en el mundo y todas las noches estaba allí. Eso era lo que él necesitaba, pero lo asustaba enormemente, sobre todo cuando el bote se hallaba amarrado a los sauces en el canal. Pero las riberas del río no eran como las de este. Eran mucho más bajas, como en Porto Grande, donde los había visto llegar chapoteando a través del terreno inundado llevando los fusiles en alto, hasta que caían con ellos dentro del agua. ¿Quién había ordenado este ataque? Si no hubieran estado tan malditamente mezclados, él podría haberlo seguido perfectamente. Por eso había notado y recordado todo tan detalladamente. Pero súbitamente todo se confundió, sin razón, como ahora. Estaba en un catre de campaña en el cuartel general del batallón de Parra y vestido con el maldito uniforme norteamericano. Se sentó y miró a su alrededor. Todos lo miraban, Parra se había ido. Se echó de nuevo.

Lo de París llegó más tarde y no se sentía atemorizado, más que cuando ella había salido con algún otro. Temía que ellos tomaran alguna vez los mismos taxímetros que ella había tomado con él para subir la colina. Por eso lo asustaba. Nunca con el frente. Ahora no soñaba nunca con el frente, y lo que lo atemorizaba tanto que no podía librarse de ello, era aquella casa larga y amarillenta y la anchura diferente del río. Ahora se hallaba de vuelta en el río, había pasado por el mismo pueblo y visto que aquella casa no estaba. Ni el río era tampoco así. Entonces, ¿adónde iba todas las noches y dónde estaba el peligro? ¿Por qué se despertaba empapado en sudor, más aterrorizado que si hubiera estado en un bombardeo? ¿Por una casa, un establo viejo y un canal?

Se sentó y extendió las piernas cuidadosamente. Se le endurecían cada vez que las estiraba demasiado. Volvieron entonces a sus ojos las estrellas del ayudante, los de transmisiones y los dos enlaces que se hallaban al lado de la puerta. Se puso el casco de trinchera, cubierto de paño.

—Lamento la ausencia del chocolate, las tarjetas postales y los cigarrillos —dijo—. No obstante, llevo el uniforme.

—El mayor volverá en seguida —declaró el ayudante.

—El uniforme no es muy exacto —les dijo Nick—, pero les dará una idea aproximada. En breve llegarán aquí varios millones de norteamericanos.

—¿Cree usted que nos mandarán aquí a los norteamericanos? —preguntó el ayudante.

—Seguramente. Norteamericanos del doble de mi talla, saludables, de limpios corazones, que duermen bien por la noche, que jamás han sido heridos, que nunca han volado en un bombardeo, y nunca les han trepanado la cabeza; que nunca han sentido miedo, que no beben y son fieles a las novias que dejaron en su país. Muchos de ellos incluso nunca fueron capaces de enojarse. ¡Magníficos muchachos! Ya verán.

—¿Es usted italiano? —preguntó el ayudante.

—No. Americano. Mire usted el uniforme. Lo hizo Spagnolini, pero no es rigurosamente exacto.

—¿Norte o suramericano?

—Norteamericano —dijo Nick. Sintió que aquello llegaba. Tendría que atajarlo.

—Pero usted habla italiano…

—¿Por qué no? ¿Qué importa que lo hable? ¿No tengo acaso derecho a hablar italiano?

—Tiene medallas italianas.

—Solo las cintas y los documentos. Las medallas llegarán más tarde. O las dan ustedes a los demás a guardar y los demás se van con ellas, o se pierden con el equipaje. Pero pueden comprarse otras en Milán. Son los documentos, los que tienen importancia. Pero no deben sentirse avergonzados por ellas. Ustedes mismos las podrán obtener si están lo bastante en el frente.

—Soy un veterano de la campaña de Eritrea —dijo el ayudante—. Combatí en Trípoli.

—Es un placer haberlo conocido —dijo Nick tendiendo su mano—. Deben haber sido días difíciles. Ya he notado las cintas. ¿Estuvo usted, por casualidad, en el Carso?

—Me llamaron solo hace poco tiempo. Mi clase era demasiado antigua.

—Yo también estaba por debajo de la edad límite —dijo Nick—, pero ahora soy un reformado que está fuera de la guerra.

—Pero ahora, ¿por qué está aquí?

—Estoy para hacer ver el uniforme norteamericano. ¿No cree usted que es importante? Me ajusta un poco en el cuello, pero pronto verán ustedes millones de estos uniformes, hirviendo como langostas saltonas. La saltona, ¿saben ustedes?, lo que nosotros llamamos saltona en los Estados Unidos, es la verdadera langosta. La verdadera saltona es pequeña, verde y comparativamente débil. Sin embargo, no deben confundirla con la cigarra, que emite un sonido peculiar y sostenido que en este momento no puedo recordar. Intento recordarlo, pero no puedo. Casi puedo oírlo, y luego se me va completamente de la cabeza. ¿Me perdonan ustedes si corto esta conversación?

—Ve a ver si puedes encontrar al mayor —dijo el ayudante a uno de los correos—. Me doy cuenta de que usted ha sido herido —agregó a Nick.

—En varios lugares —dijo Nick—. Si están interesados en las cicatrices, puedo mostrarles algunas muy interesantes, pero preferiría hablar de las langostas. Lo que nosotros llamamos saltonas, y que son las verdaderas langostas. Los insectos, en una ocasión, desempeñaron un papel muy importante en mi vida. Tal vez les interesará a ustedes y podrán mirar el uniforme mientras hablo.

El ayudante hizo un movimiento con la mano al segundo enlace, que salió inmediatamente.

—Fijen sus ojos en el uniforme. Lo hizo Spagnolini, ¿saben? Ustedes también pueden mirarlo —dijo a los de transmisiones—. En realidad no es un uniforme de jerarquía, sino de soldado raso. Nosotros estamos a las órdenes del cónsul norteamericano. Y ustedes tienen perfecto derecho a contemplarlo. Les voy a hablar de la langosta norteamericana. Nosotros siempre preferimos una que llamamos morena. Dura más en el agua y los peces la prefieren. Las más grandes, que vuelan con un ruido similar al de la víbora de cascabel cuando hace sonar los anillos secos de su cola, tiene las alas de vivos colores; algunas son de un rojo brillante, otras amarillas con rayas negras. Pero sus alas se deshacen en el agua y resultan un cebo demasiado endeble, en tanto que la morena es gordezuela, compacta y suculenta. Puedo recomendársela a ustedes, caballeros, como se puede recomendar lo que, muy probablemente, nunca conocerán. Pero debo insistir en que nunca conseguirán ustedes suficiente cantidad de esos insectos para un día de pesca, cazándolos con las propias manos o matándolos con un palo. Eso es una gran tontería y una pérdida de tiempo. Repito, caballeros, que así no conseguirán nada. El procedimiento correcto —si pidieran mi opinión— debería enseñarse en todos los cursos a los jóvenes oficiales: es el empleo de una red barredera, la misma que se emplea para los mosquitos. Dos oficiales toman esa red por cada uno de los extremos, o sea la extremidad del fondo en una mano y la extremidad más alta en la otra. Las langostas, que vuelan a favor del viento, volarán contra la red y quedarán aprisionadas entre su trama. No hay duda alguna de que con ese sistema puede obtenerse una cantidad muy grande y, en mi opinión, ningún oficial debería dejar de tener un buen trozo de esa red de mosquitos para improvisar, en un momento dado, las redes para la caza de las langostas. Espero haber hablado con suficiente claridad, caballeros. ¿Tienen alguna pregunta que hacer? Si hay algo en el curso que no hayan entendido, ¡por favor!, hagan ustedes preguntas. Hablen. ¿Nadie tiene nada que preguntar? Entonces tendré que dar por terminada esta conferencia, con las palabras de un gran soldado y un gran caballero: Sir Henry Wilson: "Caballeros, ustedes deben gobernar o ser gobernados". Déjenme repetirlo, caballeros. Hay algo que quiero recordarles, algo que quiero que lleven con ustedes al abandonar esta habitación: "caballeros, ustedes deben gobernar o ser gobernados". Eso es todo, caballeros. ¡Buenos días!

Se quitó el casco cubierto de paño, se lo volvió a poner y luego de saludar se dirigió a la pequeña puerta de la habitación subterránea. Parra, acompañado por los dos enlaces bajaba por enfrente del camino hundido. Hacía mucho calor al sol y Nick se quitó el casco.

—Debería existir un sistema para humedecer estas cosas —dijo—. Mojaré el mío en el río —y se dirigió a la ribera.

—Niccolo —exclamó Parravicini—, Niccolo, ¿dónde va usted?

—No tengo necesidad de ir, en realidad —Nick descendió por la pendiente con el casco en la mano—. Son una molestia secos y mojados. ¿Lleva usted el suyo siempre?

—Siempre —dijo Parra—. Y me está haciendo volver calvo. Venga, entre.

Dentro, Parra le dijo que se sentara.

—¿Sabe usted que en realidad no sirven para nada? —dijo Nick—. Recuerdo cuando eran cómodos, cuando acababan de dárnoslos. Pero ahora los hemos visto ya demasiadas veces llenos de sesos.

—Niccolo —dijo Parra—, creo que usted debería irse. Creo que usted no debería volver al frente hasta que hubiera conseguido esos abastecimientos. Nada tiene usted que hacer aquí. Si usted da vueltas por allí, los hombres se agruparán a su alrededor y eso podrá invitar al enemigo a lanzarnos unas bombas. Y no quiero que eso suceda.

—Sé que es una tontería —dijo Nick—. No fue idea mía. Oí decir que la brigada estaba aquí, de modo que pensé que podría verlo a usted o a algún conocido. Podría haber ido a Zenzon o San Dona. Quiero ir a San Dona para ver de nuevo el puente.

—No quisiera que anduviese usted dando vueltas por ahí sin ningún propósito.

—Bueno —dijo Nick. Sintió que aquello llegaba de nuevo.

—¿Comprende usted?

—Por supuesto —dijo. Estaba tratando de contener aquello.

—Cualquier cosa de esas, debe hacerse de noche.

—Naturalmente —dijo Nick. Se dio cuenta de que no podría pararlo.

—Yo mando el batallón —declaró Parra.

—¿Y por qué no lo iba a hacer? —dijo Nick. Ahí estaba—. Usted sabe leer y escribir, ¿no es cierto?

—Sí —dijo Parra con gentileza.

—El lío es que su batallón es demasiado pequeño. Tan pronto como sea reforzado lo enviarán de vuelta a su compañía. ¿Por qué no entierran los muertos? Los acabo de ver ahora. No me importa verlos otra vez, pero podrían enterrarlos en cualquier momento y sería mejor para usted. Todos ustedes pueden ponerse enfermos.

—¿Dónde dejó usted su bicicleta?

—Dentro de la última casa.

—¿Cree usted que estará bien?

—No se preocupe —dijo Nick—. Iré en seguida.

—Descanse un poquito, Niccolo.

—Está bien.

Cerró los ojos y —en lugar del hombre barbudo que lo miraba fijamente sobre la mira del fusil, con una calma completa antes de lanzar su relámpago blanco y de sentir el golpe parecido a un garrotazo en las rodillas; aquel golpe dulzón que lo tendió tosiendo sobre el suelo de roca mientras ellos pasaban a su lado—, vio la casa larga y amarillenta con el viejo establo a su lado y el río mucho más ancho y más quieto.

—Sería mejor que se fuera —dijo.

Se levantó.

—Me voy, Parra —dijo—. Volveré esta tarde. Si han llegado abastecimientos vendré con ellos esta noche. Si no, vendré por la noche cuando tenga algo para traer.

—Hace todavía demasiado calor para viajar —dijo Parra.

—No necesita usted preocuparse —manifestó Nick—. Ahora estoy bien por un largo rato. He tenido uno, pero ha sido fácil. Ahora son mucho mejores. Puedo darme cuenta cuando voy a tener uno, porque hablo demasiado.

—Enviaré un enlace para que le acompañe.

—Será mejor que no lo haga. Conozco el camino.

—¿Volverá usted pronto?

—Sí.

—Déjeme enviar…

—No… —atajó Nick—; como prueba de confianza.

—Bueno; adiós, entonces.

—Adiós —dijo Nick. Partió por el camino hundido hacia donde había dejado la bicicleta. Por la tarde, el camino estaría umbroso, después de haber pasado el canal. Más a los lados del camino, había árboles, que no habían sido bombardeados. Era en ese trecho donde habían pasado marchando, al lado del Tercer Regimiento de Caballería, "Savoia", que cabalgaba por la nieve con sus lanzas en ristre. El aliento de los caballos hacía plumas en el aire. No; eso fue en otra parte. ¿Dónde?

—Mejor sería que montara en esa maldita bicicleta —dijo Nick—. No quiero perder el camino a Fornaci.

UN CAMBIO RADICAL

—Está bien —dijo el hombre—. ¿Qué decidiste?

—No —dijo la muchacha—. No puedo.

—¿Querrás decir que no quieres?

—No puedo. Eso es lo que quiero decir.

—No quieres.

—Bueno —dijo ella—. Arregla las cosas como quieras.

—No arreglo las cosas como quiero, pero, ¡por Dios que me gustaría hacerlo!

—Lo hiciste durante mucho tiempo.

Era temprano y no había nadie en el café, con excepción del cantinero y los dos jóvenes que se hallaban sentados en una mesa del rincón. Terminaba el verano y los dos estaban tostados por el sol, de modo que parecían fuera de lugar en París. La joven llevaba un vestido escocés de lana; su cutis era de un moreno suave; sus cabellos rubios y cortos crecían dejando al descubierto una hermosa frente. El hombre la miraba.

—¡La voy a matar! —dijo él.

—Por favor, no lo hagas —dijo ella. Tenía bellas manos y el hombre las miraba. Eran delgadas, morenas y muy hermosas.

—Lo voy a hacer. ¡Te juro por Dios que lo voy a hacer!

—No te va a hacer feliz.

—¿No podías haber caído en otra cosa? ¿No te podrías haber metido en un lío de otra naturaleza?

—Parece que no —dijo la joven—. ¿Qué vas a hacer ahora?

—Ya te lo he dicho.

—No; quiero decir, ¿qué vas a hacer, realmente?

—No sé —dijo él—. Ella lo miró y alargó una mano—. ¡Pobre Phil! —dijo.

El hombre le miró las manos, pero no las tocó.

—No, gracias —declaró.

—¿No te hace ningún bien saber que lo lamento?

—No.

—¿Ni decirte cómo?

—Prefiero no saberlo.

—Te quiero mucho.

—Sí; y esto lo prueba.

—Lo siento —dijo ella—; si no lo entiendes …

—Lo entiendo. Eso es lo malo. Lo entiendo.

—¿Sí? —preguntó ella—. ¿Y eso lo hace peor?

—Es claro —la miró—. Lo entenderé siempre. Todos los días y todas las noches. Especialmente por la noche. Lo entenderé. No tienes necesidad de preocuparte.

—Lo siento…

—Si fuera un hombre…

—No digas eso. No podría ser un hombre. Tú lo sabes. ¿No tienes confianza en mí?

—¡Confiar en ti! Es gracioso. ¡Confiar en ti! Es realmente gracioso.

—Lo lamento. Parece que eso es todo lo que pudiera decir. Pero cuando nos entendemos, no vale la pena pretender que hacemos lo contrario.

—No, supongo que no.

—Volveré, si quieres.

—No; no quiero.

Después no dijeron nada por un largo rato.

—¿No crees que te quiero, no es cierto? —preguntó la joven.

—No hablemos de tonterías.

—Realmente, ¿no crees que te quiero?

—¿Por qué no lo pruebas?

—Haces mal en hablar así. Nunca me pediste que probara nada. No eres cortés.

—Eres una mujer extraña.

—Tú no. Eres un hombre magnífico y me destroza el corazón irme y dejarte…

—Tienes que hacerlo, por supuesto.

—Sí —dijo ella—. Tengo que hacerlo, y tú lo sabes.

Él no dijo nada. Ella lo miró y extendió la mano nuevamente. El cantinero se hallaba en el extremo opuesto del café. Tenía el rostro blanco y también era blanca su chaqueta. Conocía a los dos y pensaba que formaban una hermosa pareja. Había visto romper a muchas parejas y formarse nuevas parejas, que no eran ya tan hermosas. Pero no estaba pensando en eso, sino en un caballo. Un cuarto de hora más tarde podría enviar a alguien enfrente para saber si el caballo había ganado.

—¿No puedes ser bueno conmigo y dejarme ir? —preguntó la joven.

—¿Qué crees que voy a hacer?

Entraron dos personas y se dirigieron al mostrador.

—Sí, señor —dijo el cantinero y atendió a los clientes.

—¿Puedes perdonarme? ¿Cuándo lo supiste? —preguntó la muchacha.

—No.

—¿No crees que las cosas que tuvimos y que hicimos pueden influir en nuestra comprensión?

—"El vicio es un monstruo de tan horrible semblante" —dijo el joven con amargura— que… —no podía recordar las palabras—. No puedo recordar la frase —dijo.

—No digamos vicio. Eso no es muy cortés.

—Perversión —dijo él.

—¡James! —uno de los clientes se dirigió al cantinero—. Te ves muy bien.

—También usted se ve bien, señor —replicó al cantinero.

—¡Viejo James! —dijo el otro cliente—. Estás un poco más gordo.

—Es terrible la manera como uno se pone —contestó el cantinero.

—No dejes de poner el coñac, James —advirtió el primer cliente.

—No. Confíe usted en mí.

Los dos que se hallaban en el bar miraron a los que se encontraban en la mesa y después volvieron a mirar al cantinero. Por la posición en que se encontraban les resultaba más cómodo mirar al encargado del bar.

—Creo que sería mejor que no emplearas palabras como esa —dijo la muchacha—. No hay ninguna necesidad de decirlas.

—¿Cómo quieres que lo llame?

—No tienes necesidad de ponerle nombre.

—Así se llama.

—No —dijo ella—. Estamos hechos de toda clase de cosas. Debieras saberlo. Tú usaste muchas veces esa frase.

—No tienes necesidad de decirlo ahora.

—Lo digo porque así te lo vas a explicar mejor.

—Está bien —dijo él—. ¡Está bien!

—Dices que eso está muy mal. Lo sé; está muy mal. Pero volveré. Te he dicho que volveré. Y volveré en seguida.

—No; no lo harás.

—Volveré.

—No lo harás. A mí, por lo menos.

—Ya lo verás.

—Sí —dijo él—. Eso es lo infernal, que probablemente quieras volver.

—Por supuesto que lo voy a hacer.

—Ándate, entonces.

—¿Lo dices en serio? —no podía creerle, pero su voz sonaba feliz.

—¡Ándate! —dijo el hombre. Su voz le sonaba extraña. Estaba mirándola. Miraba la forma de su boca, la curva de sus mejillas y sus pómulos; sus ojos y la manera cómo crecía el cabello sobre su frente. Luego el borde de las orejas, que se veían bajo el pelo y el cuello.

—¿En serio? ¡Oh! ¡Eres bueno! ¡Eres demasiado bueno conmigo!

—Y cuando vuelvas me lo cuentas todo —su voz le sonaba muy extraña. No la reconocía. Ella lo miró rápidamente. Él se había decidido.

—¿Quieres que me vaya? —preguntó ella con seriedad.

—Sí —dijo él duramente—. En seguida. —Su voz no era la misma. Tenía la boca muy seca—. Ahora —dijo.

Ella se levantó y salió de prisa. No se volvió para mirarlo. Él no era el mismo hombre que antes de decirle que se fuera. Se levantó de la mesa, tomó los dos boletos de consumición y se dirigió al mostrador.

—Soy un hombre distinto, James —dijo al cantinero—. Ves en mí a un hombre completamente distinto

—Sí, señor —dijo James.

—El vicio —dijo el joven tostado— es algo muy extraño, James. —Miró hacia afuera. La vio alejarse por la calle. Al mirarse al espejo vio que realmente era un hombre distinto. Los otros dos que se hallaban acodados en el mostrador del bar se hicieron a un lado para dejarle sitio.

—Tiene usted mucha razón, señor —declaró Jame,.

Los otros dos se separaron un poco más de él, para que se sintiera cómodo. El joven se vio en el espejo que se hallaba detrás del mostrador.

—He dicho que soy un hombre distinto, James —dijo. Y al mirarse al espejo vio que era completamente cierto.

—Tiene usted :muy buen aspecto, señor —dijo James—. Debe haber pasado un verano magnífico.

UN DÍA DE ESPERA

Cuando entró al cuarto para cerrar las ventanas, mientras estábamos todavía en la cama, se veía enfermo. Tiritaba, tenía el rostro pálido y caminaba tenuemente, como si le doliera moverse.

—¿Qué te pasa, Schatz?

—Me duele la cabeza.

—Más vale que te acuestes nuevamente.

—No. Estoy bien.

—Acuéstate, iré a verte en cuanto me vista.

Pero al bajar la escalera lo encontré vestido, sentado junto al fuego. Era un niño de nueve años y parecía muy enfermo. Puse mi mano sobre su frente y noté que tenía fiebre.

—Vete a la cama —dije—, estás enfermo.

—Estoy bien —replicó.

El doctor llegó y le tomó la temperatura.

—¿Cuánto tiene? —le pregunté.

—Ciento dos grados.

En la planta baja el doctor dejó tres distintas medicinas en cápsulas de distintos colores con instrucciones para dárselas. Una era para bajar la fiebre, otra era un purgante y la tercera era para corregir una condición ácida. Según explicó, los gérmenes de la gripe solamente pueden existir en un medio ácido. Parecía saber todo acerca de la gripe y dijo que no había nada de qué preocuparse mientras la fiebre no pasara de ciento cuatro grados. Se trataba de una ligera epidemia de gripe, y no había peligro si uno evitaba la pulmonía.

De vuelta en la habitación apunté la temperatura del muchacho e hice una nota de las horas en que debía administrarle las distintas cápsulas.

—¿Quieres que te lea un poco?

—Bueno, si tú quieres —dijo el niño. Su cara, muy pálida, mostraba enormes ojeras. Se hallaba recostado e inmóvil, y parecía ajeno a todo lo que sucedía a su alrededor.

Leí en voz alta el *Libro de los piratas* de Howard Pyle, pero advertí que no seguía la lectura.

—¿Cómo te sientes, Schatz? —le pregunté.

—Hasta ahora, igual —contestó.

Me senté al pie de la cama y me puse a leer en silencio mientras llegaba la hora de darle la siguiente cápsula. Lo normal hubiera sido que se durmiera, pero cuando levanté los ojos me percaté de que miraba en forma extraña hacia los pies de la cama.

—¿Por qué no tratas de dormir? Te despertaré para que tomes la medicina.

—Prefiero permanecer despierto.

Pasado un rato me dijo:

—No tienes que quedarte aquí conmigo, papá, si esto te molesta.

—No me molesta.

—No, quiero decir que no tienes que quedarte si esto te va a molestar.

Pensé que estaba delirando, y después de darle las cápsulas de las once salí un rato.

El día era brillante y frío. El suelo estaba cubierto de aguanieve que se había congelado, y hacía lucir los árboles, los arbustos, el breñal cortado, pasto y el suelo desnudo como si hubieran sido barnizados con hielo. Ahuyenté una bandada de codornices de un alto banco de arcilla del que colgaban, y maté dos en el momento en que desaparecían por encima del banco. Algunas aves se posaron en los árboles, pero la mayoría se diseminaron por los arbustos y fue necesario saltar varias veces en los montículos para que volaran. Cuando lo hacían, mientras yo permanecía inseguro de pie sobe los arbustos revestidos de hielo, me era muy difícil disparar. Sin embargo maté dos, fallé el tiro a cinco e inicié el regreso a casa feliz de haber encontrado una bandada cerca y de que quedaran tantas para volver otro día.

En casa me dijeron que el muchacho se había rehusado a permitir que alguien entrara al cuarto.

—No puedes entrar —me dijo—. No debes contagiarte de lo que tengo.

Me le acerqué y lo encontré exactamente en la misma posición en que lo había dejado, el rostro pálido, la parte superior de las mejillas enrojecida por la fiebre, y mirando fijamente, como antes, hacia los pies de la cama. Le tomé la temperatura.

—¿Cuánto tengo?

—Cerca de cien —respondí. Tenía ciento dos con cuatro décimas.

—Eran ciento dos —afirmó.

—¿Quién dijo eso?

—El doctor.

—Tu temperatura está bien —le dije—. No hay de qué preocuparse.

—No me preocupo —replicó—, pero no puedo dejar de pensar.

—No pienses —le dije—. Tómalo con calma.

—Lo estoy tomando con calma —declaró, y clavó la mirada hacia adelante. Evidentemente estaba tenso por algo.

—Tómate esto con agua.

—¿Crees que sirva de algo?

—Desde luego que sí.

Me senté, abrí el libro de piratas y empecé a leer, pero me di cuenta de que no ponía atención y dejé de hacerlo.

—¿A qué hora crees que voy a morir? —preguntó.

—¿Qué?

—¿Cuánto tiempo pasará antes de que muera?

—No te vas a morir. ¿Qué te pasa?

—Sí me voy a morir. Le oí decir ciento dos.

—La gente no se muere con una fiebre de ciento dos. Qué tontería.

—Yo sé que sí. En la escuela en Francia mis compañeros me dijeron que no puedes vivir con cuarenta y cuatro grados. Yo tengo ciento dos.

Todo el día, desde las nueve de la mañana, había estado esperando la muerte.

—Pobre Schatz —le dije—. Pobre Schatz. Esto es como las millas y los kilómetros. No te vas a morir. Es un termómetro distinto. En ese termómetro treinta y siete es normal. En este es noventa y ocho.

—¿Estás seguro?

—Absolutamente —le dije—. Es como las millas y los kilómetros. ¿Tú sabes a cuántos kilómetros vamos cuando viajamos a setenta millas en un coche?

—¡Ah! —exclamó.

Pero su mirada, fija en los pies de la cama, se alivió lentamente. Su tensión disminuyó también y al día siguiente, muy relajado, lloraba muy fácilmente por cosas pequeñas que no tenían importancia.

UN IDILIO ALPINO

Incluso a primera hora te acalorabas cuando bajabas al valle. El sol derretía la nieve de los esquís que cargábamos y secaba la madera. Era primavera en el valle, pero el sol calentaba mucho. Íbamos por la carretera de Galtur cargando nuestros esquís y nuestras mochilas. Cuando pasamos junto a la iglesia, acababa de terminar un funeral. Le dije: Grüss Gott al sacerdote cuando pasó a nuestro lado saliendo del cementerio. El sacerdote nos saludó inclinando la cabeza.

—Es curioso que los sacerdotes nunca te hablen —dijo John.

—Pensaba que les gustaría decir Grüss Gott.

—Nunca contestan —dijo John.

Nos detuvimos en la carretera y observamos al sacristán cubriendo el agujero de tierra con la pala. Un campesino de barba oscura y altas botas de piel estaba junto a la tumba. El sacristán dejó de echar tierra y se incorporó. El campesino de botas altas tomó la pala y siguió rellenando la tumba, esparciendo la tierra igual que un hombre esparce estiércol en un jardín. En aquella luminosa mañana de mayo la operación de rellenar una tumba parecía irreal. No me imaginaba que nadie pudiera morirse.

—Imagínate que te entierren en un día tan bonito como este —le dije a John.

—No me gustaría.

—Bueno —dije—, nadie nos va a obligar.

Seguimos por la carretera, pasamos junto a las casas del pueblo y llegamos a la posada. Llevábamos un mes esquiando en la Silvretta, y era agradable estar en el valle. En la Silvretta habíamos esquiado bien, pero era esquí de primavera, y la nieve solo era buena a primera hora de la mañana y última hora de la tarde. El resto del tiempo el sol la estropeaba. No había manera de resguardarse del sol. La única sombra la daban las rocas o la cabaña que había al abrigo de una roca, junto a un glaciar; y a la sombra el sudor se te helaba bajo la ropa interior. No te podías sentar fuera de la cabaña sin gafas de sol. Era agradable tostarse, pero el sol había sido muy cansado. Bajo él no había manera de descansar. Me alegraba alejarme de la nieve. La primavera estaba demasiado avanzada para seguir en la Silvretta. Yo estaba un poco cansado de esquiar. Nos habíamos quedado demasiado tiempo. Me llegaba de nuevo el sabor de la nieve que había bebido, derretida del tejado de hojalata de la cabaña. El sabor era parte de la sensación que me provocaba esquiar. Me alegraba de que hubiera otras cosas aparte del esquí, y me alegraba de haberme alejado de la primavera antinatural de alta montaña y encontrarme en el valle en esa mañana de mayo.

El posadero estaba sentado en el porche de la posada, con la silla apoyada hacia atrás en la pared. Junto a él estaba el cocinero.

—Ski—heil! —dijo el posadero.

—Heil! —dijimos, y apoyamos los esquís en la pared y nos quitamos las mochilas.

—¿Cómo ha ido ahí arriba? —preguntó el posadero.

—Schön. El sol un poco excesivo.

—Sí. Demasiado sol en esta época del año.

El cocinero estaba sentado en su silla. El posadero entró con nosotros, abrió su oficina con la llave y sacó nuestro correo. Había un fajo de cartas y algunos papeles.

—Vamos a tomar una cerveza —dijo John.

—Muy bien. Beberemos dentro.

El dueño trajo dos botellas y nos las bebimos mientras leíamos las cartas.

—Mejor tomemos otra cerveza —dijo John. Esta vez las trajo una chica. Sonrió al abrir las botellas.

—Muchas cartas —dijo.

—Sí. Muchas.

—Prosit —dijo, y salió, llevándose las botellas vacías.

—Ya se me había olvidado el sabor de la cerveza.

—A mí no —dijo John—. Cuando estábamos en la cabaña pensaba mucho en ella.

—Bueno —dije—, ahora nos la podemos tomar.

—Nunca se debería hacer nada durante demasiado tiempo.

—Ya lo creo que ha sido demasiado —dijo John—. No es bueno hacer una cosa demasiado tiempo.

El sol entraba por la ventana abierta y brillaba a través de las botellas que había sobre la mesa. Las botellas estaban medio llenas. Había un poco de espuma en la cerveza que quedaba en las botellas, no mucha porque estaba muy fría. Formaba una especie de collar cuando la servías en los vasos altos. Miré por la ventana abierta hacia la carretera blanca. Los árboles que había junto a la carretera estaban empolvados de nieve. Más allá había un campo verde y un arroyo. Había árboles siguiendo el arroyo y un molino con una noria. A través del lado abierto del molino vi un largo tronco y en él una sierra que subía y bajaba. Nadie parecía encargarse de ella. Cuatro cuervos caminaban sobre el campo verde. Un cuervo estaba posado en un árbol, mirando. Fuera, en el porche, el cocinero se levantó de su silla y enfiló el pasillo que llevaba a la cocina. Dentro, el sol atravesaba las botellas vacías que había en la mesa. John estaba inclinado hacia delante con la cabeza entre los brazos.

Por la ventana vi dos hombres que se acercaban a los escalones del porche. Entraron en el bar. Uno era el campesino con barba y botas altas. El otro era el sacristán. Se sentaron a la mesa que había bajo la ventana. Llegó la chica y se quedó junto a su mesa. Parecía que el campesino no la veía. Estaba sentado con las manos sobre la mesa. Llevaba su viejo uniforme del ejército, con coderas.

—¿Qué será? —preguntó el sacristán. El campesino no le prestó atención—. ¿Qué vas a beber?

—Schnapps —dijo el campesino.

—Y un cuarto de litro de vino tinto —le dijo el sacristán a la chica.

La chica llevó las bebidas y el campesino se bebió el schnapps. Miró por la ventana. El sacristán lo observaba. John había dejado caer la cabeza sobre la mesa. Estaba dormido.

El posadero entró y se dirigió a la mesa. Habló en dialecto y el sacristán le contestó. El campesino miraba por la ventana. El posadero salió del bar. El campesino se levantó. Sacó un billete doblado de diez mil coronas de su cartera de piel y lo desdobló. Apareció la chica.

—Alles? —preguntó.

—Alles —dijo él.

—Deja que pague el vino —dijo el sacristán.

—Alles —le repitió el campesino a la chica. Ella se llevó la mano al bolsillo del delantal, la sacó llena de monedas y contó el cambio. El campesino fue hacia la puerta. En cuanto se hubo ido el posadero volvió a entrar en el bar y habló con el sacristán. Se sentó con él. Hablaron en dialecto. Al sacristán se le veía divertido. El posadero estaba disgustado. El sacristán se levantó de la mesa. Era un hombre pequeño con bigote. Se asomó por la ventana y miró la carretera.

—Ya está entrando —dijo.

—¿En el Löwen?

—Ja.

Volvieron a hablar y el posadero se acercó a nuestra mesa. El posadero era un hombre alto y viejo. Miró a John, que dormía.

—Está muy cansado.

—Sí, nos hemos levantado temprano.

—¿Quieren comer pronto?

—Cuando sea —dije—. ¿Qué hay para comer?

—Lo que quieran. La chica les traerá la carta.

La chica les llevó el menú. John se despertó. El menú estaba escrito con tinta en una cartulina, y la cartulina estaba inserta en una madera con ranuras.

—Aquí tienes la Speisekarte —le dije a John. Miró la carta. Aún estaba dormido.

—¿Quiere tomar algo con nosotros? —le pregunté al posadero. Se sentó.

—Estos campesinos son animales —dijo el posadero.

—Vimos a ese hombre en el funeral, al entrar en el pueblo.

—La que había muerto era su esposa.

—Oh.

—Es un animal. Todos estos campesinos son animales.

—¿A qué se refiere?

—No se lo creería. No se creería lo que le ha pasado a este.

—Cuéntemelo.

—No se lo creería. —El posadero se dirigió al sacristán—. Franz, ven aquí. —El sacristán se acercó y se trajo su botellín de vino y su vaso.

—Estos señores acaban de llegar de la Wiesbadenerhütte —dijo el posadero. Nos estrechamos la mano.

—¿Qué quiere beber? —le pregunté.

—Nada. —Franz negó con el dedo.

—¿Otro cuartillo?

—De acuerdo.

—¿Entienden el dialecto? —preguntó el posadero.

—No.

—¿De qué va todo esto? —preguntó John.

—Va a contarnos lo que le pasaba al campesino que vimos llenando la tumba de tierra, cuando entramos en el pueblo.

—Es igual, no lo entiendo —dijo John—. Hablan demasiado deprisa para mí.

—Ese campesino —dijo el posadero— ha traído hoy a su esposa para que la enterraran. Murió en noviembre.

—En diciembre —dijo el sacristán.

—Eso no cambia nada. Murió en diciembre, pues, y él se lo notificó al ayuntamiento.

—El dieciocho de diciembre —dijo el sacristán.

—Sea como sea, no podía traerla para que la enterraran hasta que desapareciera la nieve.

—Vive al otro lado del Paznaun —dijo el sacristán—. Pero pertenece a esta parroquia.

—¿Y no podía traerla de ninguna manera? —pregunté.

—No. Hasta que la nieve se derrite, solo puede venir desde donde vive esquiando. De modo que hoy la trajo para que la enterraran, y el sacerdote, cuando vio la cara de la mujer, no quería enterrarla. Cuénteselo —le dijo el sacristán—. En alemán, no en dialecto.

—Lo del sacerdote ha sido muy divertido —dijo el sacristán—. En el informe al ayuntamiento dice que murió de un problema cardíaco. Ya sabíamos que tenía problemas de corazón. A veces se desmayaba en la iglesia. Llevaba mucho tiempo sin venir. Ya no tenía fuerzas para la subida. Cuando el sacerdote le destapó la cara le preguntó a Olz: «¿Su esposa sufrió mucho?». «No», dijo Olz. «Cuando llegué a casa estaba muerta en la cama».

»El sacerdote volvió a mirarla. Aquello no le gustaba.

»"¿Cómo es que tiene la cara así?".

»"No lo sé", dijo Olz.

»"Pues será mejor que lo averigüe", dijo el sacerdote, y volvió a taparla con la manta. Olz no dijo nada. El sacerdote se lo quedó mirando. Olz se quedó mirando al sacerdote. "¿Quiere saberlo?".

»"Debo saberlo", dijo el sacerdote.

—Aquí viene la parte buena —dijo el posadero—. Escuchen. Sigue, Franz.

—«Bueno», dijo Olz, «cuando murió informé al ayuntamiento y la metí en el cobertizo, encima de la leña grande. Cuando comencé a utilizar la leña grande estaba rígida, y la puse de pie apoyada en la pared. Tenía la boca abierta, y cuando por la noche entraba en el cobertizo para cortar leña, le colgaba el farol en la boca».

»"¿Por qué lo hizo?", le preguntó el sacerdote.

»"No lo sé", dijo Olz.

»"¿Lo hizo muchas veces?".

»"Cada vez que entraba en el cobertizo por la noche".

»"Eso estuvo muy mal", dijo el sacerdote. "¿Amaba a su esposa?".

»"Ja, la amaba", dijo Olz. "La quería mucho".

—¿Lo han entendido todo? —preguntó el posadero—. ¿Han entendido toda la historia de su mujer?

—La he oído.

—¿Y la comida? —preguntó John.

—Pide —dije—. ¿Cree que es cierto? —le pregunté al posadero.

—Claro que es cierto —dijo—. Los campesinos son animales.

—¿Adónde se ha ido ahora?

—Se ha ido a beber a la posada de mi colega, el Löwen.

—No quiere beber conmigo —dijo el sacristán.

—Tampoco quiere beber conmigo, ahora que yo también sé lo de su mujer —dijo el posadero.

—Escucha —dijo John—. ¿Y si comemos?

—De acuerdo —dije.

HEMINGWAY: "LA MEJOR ESCRITURA SE PRODUCE, SIN DUDA, CUANDO SE ESTÁ ENAMORADO."

Por George Plimpton/The Paris Review/ 1958

Pese a ser un maravilloso narrador oral, un hombre de mucho humor y poseedor de un asombroso caudal de conocimientos sobre cosas que le interesan, a Hemingway le resulta difícil hablar sobre el trabajo literario, no porque tenga pocas ideas sobre el asunto, sino más bien porque está tan convencido de que tales ideas deben permanecer inexpresadas…

—¿Le resultan placenteras las horas dedicadas al proceso de la escritura? ¿Podría decirnos algo de ese proceso? ¿Cuándo trabaja usted? ¿Mantiene un horario fijo?

—Me resultan muy placenteras. Cuando trabajo en un libro o en un cuento escribo cada mañana, en cuanto haya luz. A esa hora nadie molesta y hace fresco o frío, y uno se pone a trabajar y entra en calor a medida que escribe. Uno lee lo que ha escrito, y como siempre se interrumpe cuando sabe qué es lo que va a ocurrir a continuación, sigue a partir de ese punto. Uno escribe hasta llegar a un lugar en el que todavía le queda jugo y sabe lo que ocurrirá a continuación, y allí se interrumpe y trata de vivir hasta el día siguiente para volver a seguir con eso. Se ha empezado, digamos, a la seis de la mañana. Y puede seguir hasta el mediodía o dejarlo antes. Cuando uno se detiene está vacío, y al mismo tiempo no vacío sino llenándose como cuando ha hecho el amor con alguien a quien ama. Nada puede dañarlo, nada puede ocurrir, nada significa nada hasta el día siguiente, cuando uno vuelve al trabajo. Lo difícil es la espera hasta el día siguiente.

—¿Puede quitarse de la cabeza el proyecto al que está entregado cuando está lejos de la máquina de escribir?

Por supuesto. Pero para eso hace falta disciplina y esa disciplina se adquiere.

—¿Hace alguna revisión o alguna reescritura cuando lee hasta el lugar en el que se interrumpió el día anterior? ¿O las revisiones vienen más tarde, cuando todo el trabajo está terminado?

Todos los días reescribo hasta el punto en que dejé el día anterior. Cuando todo está terminado, naturalmente lo reviso. Así se tiene otra oportunidad de corregir y reescribir cuando otra persona lo mecanografía, y uno ve el material en limpio. La última oportunidad son las pruebas de imprenta. Uno agradece todas esas oportunidades.

—¿Reescribe mucho?

Depende. Reescribí el final de Adiós a las armas, la última página, treinta y nueve veces antes de quedar satisfecho.

—¿Había allí algún problema técnico? ¿Qué era, o que lo obstaculizaba?

Buscaba las palabras adecuadas.

—¿La relectura es lo que le hace dar el "resto"?

La relectura me pone en el sitio en el que la escritura tiene que seguir, sabiendo que hasta allí todo está tan bien como le ha sido posible. Siempre queda "resto" en alguna parte.

—¿Pero hay momentos en que la inspiración no aparece por ninguna parte?

Naturalmente. Pero si uno se detuvo cuando sabía qué ocurriría a continuación, después puede seguir. Siempre que uno pueda volver a empezar todo está bien. El "resto" vendrá solo.-Thornton Wilder habla de recursos mnémicos que ponen en marcha el día de trabajo de un escritor. Dice que una vez usted le dijo que les sacaba punta a veinte lápices.

—Creo que nunca tuve veinte lápices a la vez. Gastar la punta de siete lápices número es un buen día de trabajo.

—¿Cuáles lugares le resultaron más provechosos para trabajar? El hotel Ambos Mundos parece haber sido uno, a juzgar por la cantidad de libros que usted escribió allí. ¿O el ambiente no ejerce demasiada influencia sobre su trabajo?

El Ambos Mundos de La Habana era un muy buen lugar para trabajar. Esta finca es un lugar espléndido, o lo fue. Pero siempre he trabajado bien en todas partes. Quiero decir que he podido trabajar tan bien como puedo en distintas circunstancias. El teléfono y los visitantes son los que destruyen el trabajo.

—¿La estabilidad emocional es necesaria para escribir bien? Una vez me dijo que sólo podía escribir bien cuando estaba enamorado. ¿Podría explayarse más sobre el tema?

¡Vaya pregunta! Pero lo felicito por el intento. Uno puede trabajar en cualquier momento si la gente lo deja tranquilo y nadie interrumpe. O, más bien, si uno puede ser despiadado con los demás. Pero la mejor escritura se produce, sin duda, cuando se está enamorado. Si a usted le da lo mismo, prefiero no explayarme sobre el tema.

—¿Y qué ocurre con la seguridad económica? ¿Puede hacer daño a un buen trabajo literario?

-Si llega temprano en la vida y uno ama la vida tanto como el trabajo, hace falta mucho carácter para resistir las tentaciones. Una vez que la escritura se ha convertido en el mayor vicio de uno, en el mayor placer, sólo la muerte puede interrumpirla. La seguridad económica es entonces una gran ayuda, ya que evita preocupaciones. Las preocupaciones destruyen la capacidad de escribir.

—¿Puede recordar exactamente el momento en que decidió convertirse en escritor?

No, siempre quise ser escritor.

—Philip Young, en el libro que escribió sobre usted, sugiere que el shock traumático producido por la herida de metralla que usted sufrió en 1918 ejerció gran influencia sobre su trabajo de escritor. Recuerdo que en Madrid usted habló brevemente sobre esta hipótesis, considerándola poco consistente. Y luego continuó diciendo que usted pensaba que el equipamiento de un artista no era una característica adquirida sino heredada, en el sentido mendeliano.

Evidentemente ese año, en Madrid, no podía decirse que mi mente estuviera muy equilibrada. Lo único que podría decirse a su favor es que hablé tan sólo brevemente del señor Young y de su teoría traumática de la literatura. Tal vez las dos conmociones y la fractura de cráneo de ese año me volvieron irresponsable de mis declaraciones. Recuerdo haberle dicho que la imaginación podía ser resultado de la experiencia racial heredada. Todo eso suena como perfecta cháchara posconmoción, y creo que eso es exactamente. Así que hasta el próximo trauma de liberación, dejemos las cosas así. ¿Está de acuerdo? Pero gracias por no dar los nombres de cualquier pariente que yo pueda haber involucrado entonces. Lo divertido de las conversaciones es explorar, pero no debe escribirse gran parte de la charla, y nada de lo que sea irresponsable. Una vez escrito algo, hay que sostenerlo. Y uno puede haber dicho algo para ver si lo creía o no. En cuanto a la pregunta que usted me formuló, los efectos de las heridas varían mucho. Las heridas simples, que no rompen los huesos, son de poca importancia. A veces dan seguridad. Las heridas que producen daños importantes, óseos y nerviosos, no son buenas para los escritores ni para nadie.

—¿Cuál considera usted que es la mejor formación intelectual para un aprendiz de escritor?

Digamos que debería ir y ahorcarse porque ha descubierto que escribir bien es intolerablemente difícil. Entonces alguien debería salvarlo sin misericordia y su propio yo debería obligarlo a escribir tan bien como pueda durante el resto de su vida. Así al menos tendría la historia de haberse colgado para empezar.

—¿Y qué opina de la gente que se ha embarcado en una carrera académica? ¿Cree que la gran cantidad de escritores que tienen un cargo docente han comprometido sus carreras literarias?

Depende de lo que se quiera decir con compromiso. ¿Se usa como en el caso de una mujer a quien se ha comprometido? ¿O como en el caso del compromiso de un estadista? ¿O el compromiso que uno hace con el almacenero o el sastre de que pagará un poco más, pero más tarde? Un escritor que puede escribir y enseñar debe estar en condiciones de hacer ambas cosas. Muchos escritores competentes han demostrado que es algo que se puede hacer. Yo no podría hacerlo, lo sé, y admiro a los que sí han podido. Creo, sin embargo, que tal vez la vida académica podría poner un límite a la experiencia externa, limitando de ese modo el conocimiento del mundo. El conocimiento, no obstante, exige a un escritor más responsabilidad y hace más difícil escribir. Tratar de escribir algo de valor permanente es un trabajo full-time aunque sólo se pasen unas pocas horas del día escribiendo. Un escritor puede compararse a un pozo. Hay tantas clases de pozos como de escritores. Lo importante es tener buena agua en el pozo, y es mejor extraer de él una cantidad regular en vez de dejarlo seco de una vez y esperar que vuelva a llenarse. Veo que me estoy alejando de la pregunta, pero la pregunta no era muy interesante.

—¿Sugeriría a un escritor joven que trabajara en un periódico? ¿En qué medida lo ayudó el entrenamiento que tuvo en el Kansas City Star?

En el Star uno estaba obligado a aprender a escribir una frase simple, declarativa. Eso es útil para cualquiera. Trabajar en un periódico no es perjudicial para un escritor joven, y podría ser una ayuda si el escritor sabe irse a tiempo. Ése es uno de los clichés más trillados, y me disculpo por incurrir en él. Pero si usted formula preguntas viejas y gastadas, lo más probable es que reciba respuestas viejas y gastadas.

—Usted escribió una vez en la Transatlantic Review que la única razón para escribir periodismo era recibir una buena paga. Dijo: "Y cuando uno destruye las cosas valiosas que tiene escribiendo sobre ellas, quiere ganar buen dinero a cambio". ¿Cree que la escritura es una forma de autodestrucción?

No recuerdo haber escrito eso. Pero a mí me suena suficientemente tonto y violento haberlo dicho como para ahora morder el anzuelo y hacer una declaración sensata. Por cierto no creo que la escritura sea una forma de autodestrucción, aunque el periodismo, llegado a un punto, pueda ser una autodestrucción cotidiana para un escritor creativo serio.

—¿Cree que el estímulo intelectual ofrecido por la compañía de otros escritores tiene algún valor para un autor?

Sin duda.

—En el París de la década de 1920, ¿experimentó algún tipo de "sentimiento de grupo" con otros artistas y escritores?

No. No había sentimiento de grupo. Nos respetábamos mutuamente. Yo respetaba a muchos pintores, algunos de mi edad, otros más grandes… Gris, Picasso, Braque, Monet, que todavía estaba vivo entonces… y algunos escritores: Joyce, Ezra, lo bueno de Stein…

—Cuando escribe, ¿alguna vez descubre que está influido por lo que está leyendo en ese momento?

No desde que Joyce estaba escribiendo Ulises. La suya no fue una influencia directa. Pero en esa época en que las palabras que conocíamos estaban prohibidas para nosotros y teníamos que luchar por una sola palabra, la influencia de su obra fue lo que cambió todo y nos hizo posible romper con las restricciones.

—¿Pudo aprender algo de los escritores, algo sobre la escritura? Ayer me decía usted que Joyce, por ejemplo, no soportaba hablar sobre la escritura.

En compañía de gente del mismo oficio, uno habitualmente habla de los libros de otros escritores. Cuanto mejor sea un escritor, tanto menos hablará de lo que él mismo ha escrito. Joyce era un escritor muy grande y sólo les explicaba lo que estaba haciendo a los tontos. Los escritores que él verdaderamente respetaba supuestamente eran capaces de darse cuenta de lo que él estaba haciendo, simplemente leyéndolo.

—Durante los últimos años usted parece haber eludido la compañía de los escritores. ¿Por qué?

Eso es más complicado. Cuanto más lejos va uno con la escritura, tanto más solo está. Casi todos los viejos amigos, los mejores, mueren. Otros se alejan. Uno no los ve más que raramente, pero uno escribe y tiene con ellos casi el mismo contacto que tenía cuando se encontraba con ellos en el café, en los viejos tiempos. Uno intercambia cartas cómicas, a veces alegremente obscenas e irresponsables, y eso es casi tan bueno como charlar. Pero uno está más solo porque así es como debe trabajar y el tiempo para trabajar se acorta todo el tiempo y si uno lo malgasta siente que ha cometido un pecado para el cual no hay perdón.

—¿Y qué ocurre con la influencia de algunas de esas personas, sus contemporáneos, sobre su trabajo? ¿Cuál fue la contribución de Gertrude Stein, si hubo alguna? ¿O de Ezra Pound? ¿O de Max Perkins?

Lo siento, pero no soy bueno para las evocaciones post mortem. Siempre hay forenses, literarios y no literarios, para ocuparse de esas cosas. La señora Stein escribió en forma bastante extensa y con considerable falta de precisión, acerca de su influencia en mi trabajo. Le resultó necesario hacerlo después de haber aprendido a escribir diálogos en un libro llamado Fiesta. Yo la quería mucho y me parecía espléndido que hubiera aprendido a escribir conversaciones. Para mí no era nuevo aprender de todos los que pudiera, vivos o muertos, y no tuve idea de que eso pudiera afectar tanto a Gertrude. Ella ya escribía muy bien en otros aspectos.

Ezra era sumamente inteligente en los temas que verdaderamente conocía. ¿Esta clase de conversación no le aburre? Estos chismes literarios de patio trasero, mientras se lava la ropa sucia de hace treinta y cinco años, me resulta asqueante. Sería diferente si uno hubiera tratado de decir toda la verdad. Eso tendría algún valor. En este caso es más simple y mejor agradecer a Gertrude todo lo que aprendí de ella sobre la relación abstracta de las palabras, decir cuánto la quería, reafirmar mi lealtad hacia Ezra como gran poeta y amigo leal, y decir que quería tanto a Max Perkins que nunca he podido aceptar que esté muerto. Max nunca me pidió que cambiara algo de lo que había escrito, sólo me pidió que quitara ciertas palabras que entonces no eran publicables. Se dejaban blancos, y cualquiera que conociera esas palabras sabía cuáles eran. Para mí no era un editor. Era un amigo sabio y un compañero maravilloso. Me gustaba la manera en que llevaba el sombrero y la manera rara en que se movían sus labios.

—¿A quiénes nombraría como sus antecesores literarios, de quienes más ha aprendido?

Mark Twain, Flaubert, Stendhal, Bach, Turgeniev, Tolstoi, Dostoievsky, Chejov, Andrew Marvel, John Donne, Maupassant, el buen Kipling, Thoreau, el capitán Marryat, Shakespeare, Mozart, Quevedo, Dante, Virgilio, Tintoretto, Hieronymus Bosch, Brueghel, Patinir, Goya, Giotto, Cézanne, Van Gogh, Gauguin, San Juan de la Cruz, Góngora… Me llevaría un día entero recordarlos a todos. Y parece que me estoy arrogando una erudición que no poseo en vez de recordar a todas las personas que han tenido influencia sobre mi vida y mi trabajo. Ésta no es una pregunta vieja y trillada. Es una pregunta muy buena pero solemne, y requiere un examen de conciencia. Nombré pintores, o empecé a hacerlo, porque aprendo a escribir de los pintores tanto como de los escritores. ¿Me pregunta cómo es eso? Llevaría todo el día explicarlo. Creo que es obvio decir que uno también aprende de los compositores y del estudio de la armonía y el contrapunto.

—¿Alguna vez tocó algún instrumento musical?

Solía tocar el chelo. Mi madre me mantuvo un año fuera de la escuela para que estudiara música y contrapunto. Creía que yo tenía talento, pero en realidad carecía absolutamente de él. Interpretábamos música de cámara… venía alguien a tocar el violín, mi hermana tocaba la viola, y mi madre el piano. Ese cello… yo tocaba peor que cualquier otra persona de la Tierra. Por supuesto, ese año también hice otras cosas.

—¿Relee algunos de los autores de su lista? ¿A Twain, por ejemplo?

En el caso de Twain hay que esperar dos o tres años. Uno lo recuerda demasiado bien. Leo algo de Shakespeare todos los años, El rey Lear siempre. Leer eso levanta el ánimo.

—Leer, entonces, es un placer y una ocupación constantes.

Siempre estoy leyendo libros… tantos como haya. Me los raciono para que nunca me falten.

—¿Alguna vez lee manuscritos originales?

Uno puede meterse en problemas haciendo eso, a menos que conozca al autor personalmente. Hace unos años me hicieron un juicio por plagio, un hombre que decía que yo había sacado Por quién doblan las campanas de un guión cinematográfico, no publicado, que él había escrito. Él lo había leído en alguna fiesta en Hollywood. Dijo que yo estaba allí, al menos había allí un tipo llamado "Ernie", escuchando la lectura, y eso le bastó para entablarme un juicio por un millón de dólares. Al mismo tiempo demandó a los productores de las películas North West Mounted Police y Cisco Kid, alegando que también esas habían sido robadas del mismo guión inédito. Fuimos a la corte y, por supuesto, ganamos el caso. El hombre resultó ser insolvente.

—Bien, ¿podríamos volver a la lista y ocuparnos de uno de los pintores… por ejemplo Hieronymus Bosch? La cualidad pesadillesca y simbólica de esa obra parece estar muy lejos de sus libros.

Yo tengo pesadillas y conozco las que tienen otras personas. Pero no es necesario escribirlas. Cualquier cosa que uno omita pero conozca sigue estando en su escritura, y su cualidad aparece. Cuando un escritor omite cosas que no conoce, aparecen como agujeros en su escritura.

—¿Eso significa que un profundo conocimiento de las obras de las personas de su lista lo ayudan a hacer ese "pozo" del que hablaba antes? ¿O que esas formas fueron conscientemente una ayuda para su desarrollo de sus técnicas de escritura?

Fueron una parte de mi aprendizaje de ver, escuchar, pensar, sentir y no sentir, y de escribir. El pozo es donde está ese "resto". Nadie sabe de qué está hecho, y menos uno mismo. Lo que uno sabe es que lo tiene, o que tiene que esperar que vuelva.

—¿Admitiría que hay simbolismo en sus novelas?

Supongo que hay símbolos, ya que los críticos no dejan de encontrarlos. Si no le importa, me disgusta hablar de ellos y que se me hagan preguntas al respecto. Ya es suficientemente duro escribir libros y cuentos, sin que alguien me pida además que los explique. Y, por otra parte, eso privaría de trabajo a los exégetas. Si hay cinco o seis buenos exégetas que pueden vivir de eso, ¿por qué tendría que interferir en su trabajo? Lea todo lo que escribo por el simple placer de leerlo. Cualquier otra cosa que encuentre será aquello que usted mismo ha puesto en la lectura.

Sigamos con una sola pregunta más en la misma línea: uno de los asesores de staff siente curiosidad por un paralelismo que ha encontrado, en Fiesta, entre los dramatis personae de la corrida de toros y los personajes de la novela. Él señala que la primera oración del libro nos dice que Robert Cohn es boxeador: más tarde, durante la desencajonada, se describe al toro usando sus cuernos como un boxeador, con ganchos y jabs. Y así como el toro es atraído y pacificado por el buey, Robert Cohn se somete a Jake, quien está castrado, precisamente como el buey. Luego ve a Mike como a un picador que azuza repetidamente a Cohn. La tesis de nuestro editor es más extensa, pero se preguntó si sería su intención consciente dar a la novela la misma estructura trágica de una corrida de toros.

—Suena como si el asesor editorial estuviera un poquito chiflado. ¿Quién dijo alguna vez que Jake "estaba castrado precisamente como un buey"? En realidad, había sido herido de otra manera, y sus testículos estaban intactos, no habían sufrido ningún daño. Era capaz de concebir sentimientos normales de un hombre, pero era incapaz de consumarlos. La distinción importante es que su herida era física y no psicológica, y que no había sido castrado.

Estas preguntas referidas a la habilidad en el oficio son verdaderamente una molestia.

—Una pregunta sensata no es ni un placer ni una molestia. Todavía creo que es muy malo para un escritor hablar de cómo escribe. Escribe para ser leído con los ojos y no tendría que ser necesaria ninguna clase de explicación o disertación. Uno puede estar seguro de que hay allí mucho más de lo que será leído en cualquier primera lectura, y tras haberlo escrito, no le corresponde al escritor explicarlo ni hacer visitas guiadas a través de los territorios más complejos de su obra.

Con relación a esto, recuerdo también que usted advirtió que es peligroso para un escritor hablar de su obra en marcha porque puede "hablarla en exceso", por así decirlo. ¿Por qué? Sólo se lo pregunto porque hay muchos escritores –en este momento recuerdo a Twain, Wilde, Thurber, Steffens– que parecen haber pulido su material probándolo con oyentes.

No puedo creer que Twain haya probado Huckleberry Finn con oyentes. Si lo hizo probablemente fueron ellos quienes le hicieron cortar partes buenas y poner las partes malas. La gente que conoció a Wilde decía que era mejor conversador que escritor. Steffens hablaba mejor de lo que escribía. Tanto su conversación como escritura eran a veces difíciles de creer, y escuché muchos cambios en las historias cuando él envejeció. Si Thurber puede hablar tan bien como escribe debe ser uno de los mejores conversadores del mundo, y el menos aburrido. El hombre, entre los que yo conozco, que habla mejor sobre su propio oficio y tiene la lengua más agradable y mordaz es Juan Belmonte, el matador.

—¿Podría decirnos cuánto esfuerzo deliberado invirtió en el desarrollo de su estilo distintivo?

Esa es una pregunta cuya contestación sería larga y fatigosa, y si uno se pasara un par de días respondiéndola, se sentiría tan autoconsciente que ya no podría escribir. Podría decir que lo que los amateurs llaman un estilo suele ser tan sólo la inevitable torpeza de alguien que intenta por primera vez hacer algo que no se ha hecho antes. Casi ningún nuevo clásico se parece a otros clásicos previos. Al principio la gente sólo ve las torpezas. Después las torpezas ya no son tan perceptibles. Cuando aparecen, la gente piensa que esas muestras de torpeza son el estilo y muchos las copian. Eso es lamentable.

—Usted me escribió una vez que las simples circunstancias en las que fueron escritas varias de sus obras podían resultar instructivas. ¿Podría aplicarse eso a Los asesinos (usted dijo que lo había escrito, junto con Diez indios y Hoy es viernes, todo en un solo día), y tal vez también a su primera novela Fiesta?

Veamos. Empecé Fiesta en Valencia, el día de mi cumpleaños, el 21 de julio. Mi esposa Hadley y yo habíamos ido a Valencia con tiempo para conseguir buenas entradas para la feria, que empezaba el 24 de julio. Toda la gente de mi edad ya había escrito una novela, y yo todavía tenía dificultades para escribir un párrafo. Así que empecé el libro el día de mi cumpleaños, lo escribí durante toda la feria, por las mañanas, en la cama, y fui a Madrid y seguí escribiéndolo allí. En Madrid no había feria, así que teníamos una habitación con una mesa y yo escribía con gran lujo en esa mesa, y a la vuelta de la esquina del hotel, en una cervecería del Pasaje Álvarez, donde estaba más fresco. Finalmente el tiempo se puso muy caluroso para escribir y nos fuimos a Hendaya. Allí había un hotelito barato, sobre esa enorme y larga playa solitaria, y trabajé muy bien, y después fuimos a París y terminé la primera versión en el apartamento que estaba sobre el aserradero, en el 113 de la calle Notre-Dame-des-Champs, seis semanas después del día que lo había empezado. Le mostré la primera versión a Nathan Asch, el novelista, quien entonces hablaba inglés con un acento muy marcado, y él me dijo: "Hem, ¿qué quieres decir con que has escrito una novela? Una novela, ¿eh? Hem, estás escribiendo un libro de viajes." Nathan no me desalentó demasiado, y reescribí el libro, conservando lo del viaje (era la parte sobre la excursión de pesca y Pamplona), en Schruns, en el Voralberg, en el hotel Taube.

Los cuentos que usted mencionó los escribí en un solo día, el 16 de mayo, en Madrid, cuando la nieve suspendió las corridas de toros de San Isidro. Primero escribí Los asesinos, algo que había intentado escribir antes y no lo había logrado. Después, tras el almuerzo, me metí en la cama para mantenerme abrigado y escribí Hoy es viernes. Tenía tanta energía que pensé que me volvería loco, y tenía más o menos otros seis cuentos para escribir. Así que me vestí, salí y fui hasta Fornos, el viejo café de los toreros, y tomé café y después volví y escribí Diez indios. Eso me entristeció mucho y tomé un poco de brandy y me dormí. Me había olvidado de comer y uno de los camareros me trajo un poco de bacalao, carne y papas fritas y una botella de Valdepeñas. La mujer que regentaba la pensión siempre se preocupaba porque yo no comía lo suficiente y había enviado al camarero. Recuerdo que me senté en la cama y comí y bebí el Valdepeñas. El camarero dijo que me traería otra botella. Dijo que la señora quería saber si yo pensaba escribir toda la noche. Le dije que no, que creía que me acostaría un rato. Por qué no trata de escribir uno más, me preguntó el camarero. Se supone que sólo debo escribir uno, dije yo. Tonterías, dijo él. Podría escribir seis. Lo intentaré mañana, dije. Inténtelo esta noche, dijo él. ¿Por qué cree que la señora le envió la comida? Estoy cansado, le dije. Tonterías, dijo él (la palabra no fue en realidad tonterías). ¡Cansarse después de escribir tres cuentecitos! Tradúzcame uno. Déjeme solo, le dije. Cómo puedo escribir si usted no me deja tranquilo. Así que me senté en la cama, me tomé el Valdepeñas y pensé qué formidable escritor sería yo si el primer cuento era tan bueno como esperaba.

—¿Hasta qué punto la concepción de un cuento aparece completa en su cabeza? ¿El tema, el argumento o algún personaje pueden cambiar a medida que la escritura avanza?

A veces uno sabe la historia. A veces la construye a medida que avanza y no tiene idea de cómo resultará. Todo cambia a medida que uno avanza. Eso es lo que da el movimiento que produce el cuento. A veces el movimiento es tan lento que parece que nada avanza. Pero siempre hay cambio, siempre hay movimiento.

—¿Le ocurre lo mismo con las novelas, o primero elabora un plan completo antes de empezar, y luego se somete rigurosamente a él?

Por quién doblan las campanas fue un problema que tuve que enfrentar cada día. En principio, sabía qué iba a ocurrir. Pero inventé lo que ocurría cada día que me sentaba a escribir.

—¿Las verdes colinas de África, Tener y no tener y A través del río y entre los árboles empezaron como cuentos y se desarrollaron hasta convertirse en novelas? Si es así, ¿las dos formas narrativas son tan similares que un escritor puede pasar de una a otra sin remodelar completamente su enfoque?

No, no es cierto. Las verdes colinas de África no es una novela, sino que fue escrito en un intento de plasmar un libro absolutamente verdadero, para ver si forma de un país y el esquema de acción de un mes podían competir, si se los representaba verdaderamente, con una obra de imaginación. Después de escribir ese libro escribí dos relatos breves. "Las nieves del Kilimanjaro" y "La breve vida feliz de Francis Macomber". Inventé esos relatos a partir del conocimiento y la experiencia adquirida durante ese mismo largo viaje de cacería del cual había intentado hacer un relato realista, de un mes de duración, en Las colinas verdes; Tener y no tener y A través del río y entre los árboles empezaron como relatos breves.

—¿Le resulta fácil cambiar de un proyecto literario a otro o continúa hasta terminar lo que ha empezado?

El hecho de que esté interrumpiendo un trabajo serio para responder a estas preguntas demuestra que soy tan estúpido que debería recibir un severo castigo. Lo recibiré. No se preocupe.

—¿Piensa que está en competencia con otros escritores?

Nunca. Solía tratar de escribir mejor que ciertos escritores muertos de cuyo valor estaba seguro. Ahora, y ya desde hace mucho tiempo, trato simplemente de escribir lo mejor posible. A veces tengo buena suerte y escribo mejor de lo que puedo.

—¿Cree que la potencia de los escritores disminuye a medida que envejecen? En Las verdes colinas de África usted menciona que

los escritores norteamericanos se convierten, a cierta edad, en la Vieja Madre Hubbard.

No sé nada de eso. La gente que sabe lo que está haciendo debería dudar en tanto duraran sus cabezas. En ese libro que usted menciona, si se fija bien, verá que yo estaba hablando de literatura norteamericana con un personaje austríaco sin ningún sentido del humor, que me obligaba a hablar cuando yo quería hacer alguna otra cosa. Escribí un relato verídico de esa conversación. No intenté hacer declaraciones inmortales. Un buen porcentaje de esas declaraciones son bastante buenas.

—No hemos hablado de los personajes. ¿Los personajes de sus obras están tomados, sin excepción, de la vida real?

Por supuesto que no. Algunos son de la vida real. En general uno inventa gente a partir del conocimiento y la comprensión y la experiencia que ha tenido con la gente.

—¿Podría decirnos algo acerca del proceso de conversión de un personaje de la vida real en un personaje de ficción?

Si explicara cómo se hace eso algunas veces, sería un manual para los abogados especializados en casos de difamación.

—¿Establece usted una distinción, como hace E. M. Forster, entre personajes "planos" y "redondos"?

Si uno describe a alguien, es plano, como una fotografía, y desde mi punto de vista eso es un fracaso. Si uno lo construye a partir de lo que conoce, deben estar en él todas las dimensiones.

—¿A cuáles de sus personajes recuerda con particular afecto?

La lista sería demasiado larga.

—¿Entonces usted disfruta leyendo sus propios libros… sin sentir que le gustaría hacer algunos cambios?

A veces, cuando me resulta difícil escribir, los leo para levantarme el ánimo, y después recuerdo que siempre me resultó difícil y a veces casi imposible.

—¿Cómo da nombre a sus personajes?
Lo mejor que puedo.

—¿El título se le ocurre mientras está en el proceso de elaborar la historia?

No, hago una lista de títulos después de haber terminado el cuento o el libro… a veces son más de cien. Después empiezo a eliminarlos, y a veces los elimino todos.

—¿Y hace eso también en los casos en los que el título de un cuento ha sido sugerido por el mismo texto, como por ejemplo en el caso de Colinas como elefantes blancos?

Sí. El título viene después. Encontré a una muchacha en Prunier, donde había ido a comer ostras antes del almuerzo. Sabía que ella había tenido un aborto. Me acerqué y hablamos, no sobre eso, pero en el camino a casa se me ocurrió la historia, me salté el almuerzo y me pasé esa tarde escribiéndola.

—Entonces, cuando no está escribiendo, usted es constantemente un observador, en busca de algo que pueda usar.

Sin duda. Si un escritor deja de observar está terminado. Pero no debe observar conscientemente ni pensar de qué modo algo le será útil. Tal vez al principio eso sea cierto. Pero más tarde todo lo que ve se integra en la gran reserva de cosas que sabe o que ha visto. Si de algo sirve saberlo, siempre trato de escribir de acuerdo con el principio del iceberg. Hay nueve décimas partes bajo el agua por cada parte que se ve de él. Uno puede eliminar cualquier cosa que sepa, y eso sólo fortalecerá el iceberg. Si un escritor omite algo porque no lo sabe, habrá un agujero en su relato. El viejo y el mar podría haber tenido más de mil páginas, y dar cuenta de cada personaje de la aldea y del proceso de cómo vivían, cómo habían nacido, cómo se habían educado, tenido hijos, etcétera. Otros escritores hacen eso de manera excelente. Al escribir, uno está limitado por lo que ya se ha hecho de manera satisfactoria. Así que he tratado de aprender a hacer otra cosa. Primero traté de eliminar todo lo innecesario para transmitir experiencia al lector, para que después de haber leído algo, lo leído se convirtiera en parte de su propia experiencia, y le pareciera que realmente había ocurrido. Es algo muy difícil de hacer, y trabajé muy duramente para lograrlo. De todos modos, para no explicar cómo se hace, tuve una suerte increíble en ese momento y pude transmitir la experiencia completamente. Y pude lograr que fuera una experiencia que nadie había transmitido antes. La suerte fue que tuve un buen hombre y un buen muchacho, y que últimamente los escritores se han olvidado de que todavía existen esas cosas. Después, el océano: vale tanto la pena escribir sobre el océano como sobre un hombre. Así que también fui afortunado en eso. He visto el acoplamiento de los peces espada, así que es algo que conozco. Eso no lo cuento. He visto un cardumen de más de cincuenta ballenas en esa misma zona del agua, y en una oportunidad arponeé a una de casi dieciocho metros de largo, y la perdí. De modo que eso no lo cuento. No cuento ninguna de las historias que conozco sobre la aldea de pescadores. Pero ese conocimiento es lo que constituye la parte sumergida del iceberg.

—Archibald MacLeish ha hablado de un recurso teórico que usted describió y que parece tener que ver con el tema de transmitirle la experiencia al lector. Dijo que usted lo había desarrollado mientras cubría los partidos de béisbol en la época en que trabajaba en el Kansas City Star. Era simplemente que un escritor debía concentrarse durante los momentos de aparente inactividad… que lo que describía en esos momentos tenía un efecto, un efecto, además, poderoso: el de hacer consciente al lector de aquello que sólo sabía inconscientemente…

La anécdota es apócrifa. Nunca escribí sobre béisbol para el Star. Lo que Archie trataba de recordar eran cosas que yo intentaba aprender en Chicago, alrededor de 1920, cuando investigaba las cosas poco evidentes, inadvertidas, que constituían las emociones, como la manera en que un jugador de béisbol tiraba el guante sin mirar dónde caía, el chillido que producía la lona sobre la resina cuando un boxeador se movía, el color gris de la piel de Jack Blackburn cuando dejaba de moverse y otras cosas que yo advertía, del mismo modo que un pintor puede bocetar. Uno veía el extraño color de Blackburn, y las marcas de la navaja, y la manera en que sacudía a un hombre antes de conocer su historia. Ésas eran cosas que a uno lo conmovían antes de saber la historia.

—¿Ha descrito alguna vez una clase de situación de la que usted no tuviera conocimiento personal?

Es una pregunta extraña. ¿Por conocimiento personal se refiere usted a conocimiento carnal? En ese caso, la respuesta es afirmativa. Un escritor, si sirve para algo, no describe. Inventa o construye a partir del conocimiento personal o impersonal y a veces parece disponer de conocimientos inexplicables, que podrían provenir de experiencias familiares o raciales olvidadas. ¿Qué es lo que hace que las palomas mensajeras vuelen como lo hacen, de dónde saca su coraje un toro de lidia, o un sabueso su olfato? Todo esto es una elaboración o una condensación de lo que hablamos en Madrid aquella vez, cuando no se podía confiar demasiado en mi cabeza.

—¿Hasta qué punto debe distanciarse de una experiencia antes de poder escribir sobre ella en términos de ficción? ¿En el caso los accidentes aéreos de África, por ejemplo?

Depende de la experiencia. Una parte de uno la ve de manera completamente distanciada desde el principio. Otra parte de uno está muy involucrada en ella. Creo que hay una regla fija con respecto al tiempo que debe pasar para que uno escriba sobre ella. Eso dependería del equilibrio de cada individuo, o de su capacidad de recuperación. Sin duda es valioso para un escritor entrenado estrellarse en un avión que se incendia. Aprende varias cosas importantes con gran rapidez. Que le sean útiles o no es algo condicionado por la supervivencia. La supervivencia con honor, esa palabra tan fuera de moda y tan importante, es siempre difícil y muy importante para un escritor. Los que no duran siempre son más amados, ya que nadie tiene que ver sus largas, aburridas, interminables luchas sin cuartel, a las que deben abocarse para hacer algo que creen que deben hacer antes de morir. Los que mueren o abandonan tempranamente casi siempre, y con razón, son preferidos, porque resultan comprensibles y humanos. El fracaso y la cobardía bien disfrazada son más humanos y más amados.

—¿Puedo preguntarle en qué medida considera usted que el escritor debe involucrarse en los problemas sociopolíticos de su época?

Cada uno tiene su propia conciencia, y no debería haber reglas para el funcionamiento de la conciencia. De lo único que podemos estar seguros con respecto a un escritor politizado es que, si su obra dura, el lector tendrá que pasar por alto su contenido político cuando la lea. Muchos de los escritores llamados políticamente comprometidos cambian sus ideas políticas con frecuencia. Esto les resulta muy excitante, a ellos y a las revistas político-literarias. A veces hasta deben reescribir sus puntos de vista… y apresuradamente. Tal vez todo eso pueda respetarse como una forma de búsqueda de la felicidad.

—¿Diría que alguna vez hay una intención didáctica en su obra?

Didáctica es una palabra que ha sido mal utilizada y arruinada. Muerte en la tarde, por ejemplo, es un libro instructivo.

—Se ha dicho que un escritor sólo trata una o dos ideas en toda su obra. ¿Usted diría que su obra refleja una o dos ideas?

¿Quién dijo eso? Suena demasiado simple. El hombre que lo dijo posiblemente tenía solamente una o dos ideas.

—Bien, tal vez sería mejor expresarlo de esta manera: Graham Greene dijo en una de estas entrevistas que una pasión rectora da a todo un estante de novelas la unidad de un sistema. Usted mismo ha dicho, según creo, que las grandes obras se producen a partir de un sentimiento de injusticia ¿Considera que es importante que un novelista sea dominado de ese modo... por algún sentimiento tan intenso?

-El señor Greene tiene una facilidad para hacer afirmaciones que yo no poseo. A mí me resultaría imposible hacer generalizaciones sobre un estante de novelas o sobre una bandada de patos o una manada de caballos. No obstante, intentaré una generalización. El escritor que carezca de sentido de la justicia y de la injusticia haría mejor en dedicarse a editar el anuario de una escuela de chicos excepcionales en vez de escribir novelas. Otra generalización. Ya ve, no son tan difíciles cuando son suficientemente obvias. El don más esencial para un buen escritor es tener un detector de mierda incorporado, a prueba de golpes. Ese es el radar de un escritor. Y todos los grandes escritores lo han tenido.

—Finalmente, una pregunta fundamental: ¿cuál cree usted que es la función de su arte? ¿Por qué una representación de los hechos en vez de los hechos mismos?

¿Por qué preocuparse por eso? A partir de las cosas que han ocurrido y de las cosas tal como existen y de todas las cosas que uno conoce y de todas aquellas que no puede conocer, uno hace algo por medio de su invención, algo que no es una representación sino una cosa nueva más real que cualquier otra real y viva, y uno le da vida, y si la hace suficientemente bien, también le da inmortalidad. Por eso uno escribe, y por ninguna otra razón conocida. Pero, ¿acaso no hay muchas razones que nadie conoce?

CONTENIDO